陈斌斌 —— 著

The second child: Family transition and adjustment

# 第二个孩子：

## 二孩家庭的过渡与适应

谨以此书献给我的妻子！

# 序

随着我国“全面二孩”政策的实施，越来越多的家庭开始关注或者打算生育第二个孩子。受长期计划生育政策的影响，当有机会生育第二个孩子时，有些家庭却开始担心如何养育两个孩子，部分打算生育或已生育第二个孩子的父母还出现了各种不适应。实际上，这不仅仅是我国家庭才存在的问题，这是一个在不同文化的社会中普遍存在的问题。例如，即使在不实施计划生育政策的欧美社会，如何养育两个孩子也是二孩家庭普遍关注的话题(Volling, 2012)。

如何养育两个孩子之所以受到关注，是因为从一孩家庭过渡到二孩家庭时，整个家庭系统发生了巨大的变化，某些家庭内部系统发生了调整，有时甚至是重组。

对于父母，角色的变化起初可能让他们感到不能应对或者不能满足两个孩子的需求，从而影响自身的心理健康。比起一孩父母，尽管会有一些相同的经历，但是由于每个孩子都具有独特性，二孩父母不得不面对新的经历和挑战。因此，二孩父母并不比一孩父母在养育方面有更大的优势。这进一步说明，二孩父母的能力与经验独立于一孩父母的能力和经验，养育一个孩子和养育两个孩子有明显的差异；父母面对两个孩子时，遇到的情况更复杂。

对于儿童，尤其是在从一孩家庭向二孩家庭过渡的阶段，第一个孩子将面临建立同胞关系的过程，同时会经历各种身心适应。对于某些儿童，弟弟或妹妹的出现会让他们感受到巨大的压力和心理威胁，导致各种心理变化和行为变化。

在我国,目前几乎没有一本能够系统梳理和分析有关第二个孩子到来前后家庭的过渡与适应的书籍。不管是从理论角度还是从实践角度,在我国当前“全面二孩”政策的背景下,人们亟须了解和掌握第二个孩子降临前后家庭可能发生的变化以及二孩家庭的适应方式和应对策略。这方面的研究将在理论上促进该领域研究的发展,为我国学者的未来研究提供基础性理论和研究框架,同时也将在实践中为当前二孩家庭的心理健康教育和咨询提供实证依据和应对措施。这就是我撰写本书的目的。

本书分为 10 章,在此简要概述整本书的内容框架,方便读者快速了解本书。

第一章“绪论”着重回顾二孩家庭及多孩家庭研究的历史,并详细介绍我国的研究现状,尤其是独生子女家庭与非独生子女家庭比较的研究。

第二章“从一孩家庭到二孩家庭的过渡”简要阐述有关一孩家庭向二孩家庭过渡或者说二孩家庭形成的初始阶段所涉及的基本概念、重要理论,为读者系统理解后面章节的内容提供坚实的理论基础。

第三章至第八章对二孩家庭形成过程中不同阶段的主题进行了探讨。

第三章“父母准备生育第二个孩子”着重探讨此时父母应该考虑的因素,涉及子女出生的年龄间隔、子女的性别、家庭经济状况、父母生育计划以及家中有身心障碍的子女等,从家庭结构、家庭经济状况、父母心理状态、子女的身心特点等不同方面进行了分析。

第四章“正在孕育第二个孩子的家庭”着重介绍在母亲已经怀了

第二胎时,应该引导第一个孩子在心理上有所准备,帮助他更好地接纳即将到来的弟弟或妹妹。此外,还探讨了父母应该作好哪些安排与准备。

第五章“二孩家庭起始阶段中的第一个孩子”主要分析在母亲住院分娩期间,第一个孩子与母亲的亲子分离及其影响,以及第一个孩子在母亲住院期间探望母亲的必要性。此外,还系统阐述了第一个孩子在第二个孩子出生之后的心理适应,包括因第二个孩子的出生而产生的心理问题,第二个孩子的出生为第一个孩子提供发展成熟心理能力的机会,以及两个孩子之间同胞关系的建立。

第六章“二孩家庭起始阶段中的父母”强调养育两个孩子与养育一个孩子是完全不一样的经历,着重介绍二孩父母的养育方式及应对策略、父母与两个孩子的亲子关系,以及其他家庭功能的变化。

第七章“二孩家庭过渡阶段中父亲的作用”强调在二孩家庭中,父亲可以弥补因为母亲照料新生儿而导致的对第一个孩子关注的减少;父亲协助母亲分担养育责任,会缓冲母亲承担的多重压力和挑战,对二孩家庭的顺利适应起到积极的作用。

第八章“二孩家庭过渡阶段中其他人的支持”强调在二孩家庭中,除了父母外,其他人(包括夫妻双方的父母、专业护理人士、保姆等)的社会支持具有的独特作用。

第九章与第十章分别从理论整合和研究展望的角度分析了未来这一领域的理论指引和研究方向。

第九章“整合的理论模型”认为,二孩家庭具有复杂性、系统性和动态性等特点,现有的理论无法将整个二孩家庭形成过程中的家庭状况完全解释清楚。本章着重将前面章节中的理论原理、研究成果

进行整合,提出了一个整合的模型。

第十章"未来研究展望"着重从研究方法、研究内容、实践与应用三大方面进行探讨,为我国学者的未来研究提出可行的研究方向。

本书获得国家自然科学基金青年科学基金项目(项目号:31500901)以及上海市哲学社会科学规划教育学青年项目(项目号:B1701)的资助。

本书在撰写过程中得到多方的支持和鼓励,在这里特别要感谢的是:

感谢上海教育出版社以及金亚静编辑。她协同出版社的其他同事,为本书的出版付出了大量的心血。没有他们,本书不可能这么顺利地出版。

感谢我的两位导师——张雷、李丹老师,他们一直以来都很关心我的研究,对我正在探讨的二孩家庭研究这样一个有意义的研究议题予以有力的支持。

感谢密歇根大学的沃林(Brenda Volling)教授以及乌特勒支大学的杜巴斯(Judith Dubas)教授,她们是二孩家庭研究领域的顶尖专家,她们无私地指导我在中国开展二孩家庭方面的研究,并让我更深入地了解其课题组的研究状况,为梳理本书中的文献提供了有力的支持。

感谢复旦大学社会发展与公共政策学院的同事及师长在我撰写本书过程中给予了肯定和鼓励,他们的很多观点和个人经历都让我的写作获益匪浅。

最后,感谢我的父母与岳父母,你们在生活中始终给予我无微不至的关心。谢谢我的妻子,我们俩共同的愿望促使我更加努力地率先在理论上进行二孩家庭的探索,相信本书将为我们未来实践中的探索铺路。

※ ※ ※ ※

写作本书时，正值复旦大学“二孩家庭”项目全面开展，我们通过追踪入户调查的方法，动态地分析在第二个孩子降临前后，第一个孩子的生理和心理变化，以及影响这些变化的保护性因素和风险性因素。做这项工作是试图回答如下问题：在父母生第二个孩子时，第一个孩子是不是都会出现消极的反应？会不会有些孩子有积极的反应？此外，不管是积极反应还是消极反应，如果存在个体差异，那么哪些儿童更容易出现消极反应或者积极反应？父母及家庭在哪些方面可以有所作为，使第一个孩子能更好地应对弟弟或妹妹的出生？哪些方面又可能成为风险性因素，导致第一个孩子不能很好地应对弟弟或妹妹的出生，出现各种不适应？希望我们的这项基于我国城市二孩家庭的研究，可以为父母更好地适应二孩家庭形成初期的过渡阶段提供实践指导。

我们课题组正在运营一个名为“二胎进行时”的微信公众号，致力于传播适合我国二孩家庭的最新研究进展和科学养育方式。我们希望有更多的家庭通过订阅我们推送的文章，在一定程度上解决二孩养育过程中的困惑，更顺利地跨越二孩家庭形成初期的过渡阶段。

最后，期望有更多的学者为促进我国二孩家庭相关议题的研究而共同努力！

陈斌斌

2017 年 12 月写于复旦大学文科楼

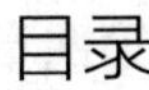

# 目录

第一章

# 绪　论

网友“滴答”日前在网上晒出自己和老公写的“保证书”，他们考虑生个二宝，但是首先得向八岁半的女儿保证“永远最喜欢我家大宝”，这才得到了大宝的允许。（资料来源：《广州日报》2015年01月31日的报道）

“才一转头的时间，儿子就把502胶水弄到眼睛里了，最近他总是做这些‘出格’的事情。”昨日上午，家住闽侯的张女士带着8岁的儿子来到福州儿童医院就诊……张女士告诉医生，儿子原来乖巧听话，几乎不会在学校生事，可自从去年她生了女儿后，儿子变化很明显，开始打架、捉弄人、违反学校纪律，屡次犯错，老师多次叫家长去学校谈话。“有时候儿子会趁我们不注意掐妹妹。”张女士说，她发现女儿突然哭起来，儿子就在边上。儿子后来也承认是他掐的，他总觉得有了妹妹之后，妈妈不爱他了。（资料来源：“东南网”2015年02月14日的报道）

2013年11月，党的十八届三中全会提出“单独二孩”政策，一方是独生子女的夫妇可以生育两个孩子。之后，2015年10月，党的十八届五中全会决定全面实施一对夫妇可生育两个孩子的政策，这意味着我国实施“全面二孩”政策。该政策的实施是中国人口生育政策的重大调整。从宏观的人口学和国家政策层面来看，该政策对整个国家社会经济发展的重要性是不言而喻的，它一定程度上缓解了老龄化社会带来的问题，可以为国家提供更多的劳动力资源（彭希哲，2016；翟振武，张现苓，靳永爱，2014）。

从心理学的视角来看，第二个孩子的出生将改变家庭生活的诸多方面（陈斌斌，王燕，梁霁，等，2016）。同时抚养不同年龄段的子女更是给父母带来巨大的挑战（陈斌斌，施泽艺，2017）。而近一两年来，类似上述的二孩家庭出现各种负面问题的新闻屡见不鲜。尤其是第一个孩子在应对母亲生弟弟或妹妹时出现各种问题，以及父母在生第二个孩子前后不知道该如何对待第一个孩子的新闻经常出现。

对于父母，决定生育第二个孩子时，需要考虑和衡量的因素是什么？哪些因素能够帮助父母作出合理的生育决定？在第二个孩子出生之前，整个家庭应该做哪些心理准备？

对于第一个孩子，在母亲即将生育弟弟或妹妹时，他们都会出现消极的反应吗？是否有部分孩子会出现积极的反应？此外，不管是积极反应还是消极反应，如果存在个体差异，哪些儿童更容易出现消极反应或者积极反应？这又会对后来的同胞关系的发展造成什么样的影响？

对于整个家庭关系，父亲、母亲及其他家庭成员在哪些方面可以有所作为，使第一个孩子能更好地应对弟弟或妹妹的出生？哪些方面又可能成为风险性因素,导致第一个孩子不能很好地应对弟弟或妹妹的出生,从而出现消极的结果?

这些都将是本书重点分析和探讨的主题。首先,让我们了解一下多子女家庭的研究历史以及我国的研究现状。

## 第一节 多子女家庭研究简史

多子女家庭的研究历史几乎与心理学作为一门独立学科的历史一样长。早在一百多年前,达尔文(Charles Darwin)的堂弟——心理测量学家高尔顿(Francis Galton)就开始了最早的同胞关系研究,最著名的就是利用相关和回归分析方法探讨同胞及其出生顺序与身高、成就等方面表现的联系。他的研究发现,在家庭排行中,家中的老大在科技领域的表现往往出类拔萃,这主要是因为受到当时的社会价值观和法律的影响,老大往往被赋予了独特的权利和责任(例如,因长子的身份而享有继承权)(Galton, 1874)。从那时开始,同胞关系作为个体在家庭中的重要环境因素引起人们的关注。

在此之后,随着精神分析学派的兴起,以阿德勒(Alfred Adler)为代表的精神分析学派的心理学家们开始从个体心理学的视角分析多子女家庭以及同胞问题(Ansbacher & Ansbacher, 1956)。阿德勒的个体心理学思想不同于弗洛伊德主义的精神分析,后者强调力比多作为内在驱动力影响人的行为和发展,而前者重视外部的社会影响对人的行为和发展的作用。因此,个体心理学强调同胞的动态作用在家庭生活与人格发展中的核心地位。社会比较和家庭地位高低,尤其是同胞之间的嫉妒与冲突的发生,是影响人格发展的基础因素。减少同胞之间竞争和冲突的方式就是父母平等对待同胞,并且努力让同胞感知到各自的独特性及差异性,帮助同胞克服各自存在的自卑,让他们发展不同的特性或者优势的能力,选择不同的生活环境。

总的来说,同胞常常会有意或无意地将自己与其他兄弟姐妹区分开,或者去认同、发展不同的人格,选择不同的生活环境,这成为降低同胞之间冲突或者竞争的方式。基于此理论,阿德勒进一步认为,同胞经历对人格发展的作用是我们理解出生顺序对个体发展的影响的基础。在他看来,出生顺序之所以影响个体发展,是因为它与出生的间隔有关——同胞出生年龄间隔越小,同胞对于获得父母的关注、时间、资源投入的竞争就越激烈。如果同胞之间的年龄间隔足够大,出生顺序的效应就会消失(Adler, 1959)。因此,家庭环境中的同胞出生顺序及其年龄间隔是影响个体发展的重要因素。后来,阿德勒的追随者相继验证了其理论观点(Grotevant, 1978; Schachter, Shore, Feldman-Rotman et al., 1976),父母差别对待方面的研究更是层出不穷(参见第六章第一节“父母的心理应对及养育方式”对该问题的详细探讨)。阿德勒的追随者还进一步扩展了他的观点,或者进行了基于该学说的实践研究。例如,同胞发生冲突是为了吸引父母的注意力,而父母的干预似乎进一步加剧了同胞之间的冲突;基于阿德勒的理论开发父母教育项目,以减少儿童的问题行为,促进发展积极的家庭关系(Dreikurs & Soltz, 1964)。

除了作为家庭结构组成因素之一的同胞出生顺序,同胞的数量也是重要的家庭结构组成因素。同胞数量的多少与个体发展的关系在20世纪六七十年代受到广泛关注。主要存在两种具有代表性的观点：一种是“同胞稀释资源模型”，认为由于同胞数量增加，导致分配给每一个体的资源减少，从而限制了他们接受教育与就业的机会(Blake, 1981; Blau & Duncan, 1966)；另一种是家庭内部的“共同影响模型”(confluence model)(Zajonc & Markus, 1975)，验证该模型的研究被誉为心理学历史上最著名的40项研究之一。扎伊翁茨(Robert B. Zajonc)认为，过去的研究总是不考虑同胞间的年龄差，导致家庭规模和出生顺序相关文献呈现不一致的研究结果(Zajonc, 1976)。他认为，如果儿童成长于能提供很多智力刺激的家庭中，他们就会有较高的智力。在家庭中，这种智力刺激主要来源于父母及同胞之间相互的智力影响。在一个普通的家庭中，智力环境就是包括父母和所有同胞在内的家庭所有成员的平均智力贡献。很显然，该平均智力贡献值会随着同胞的发展以及新同胞的出生而变化，即随着同胞数量的增多，家庭的平均智力贡献值呈下降趋势。家庭中每新出生一个同胞，该同胞所处的家庭智力环境水平就比前一个同胞所处的家庭智力环境水平低，而且两个同胞的出生间隔时间越短，这种效应就越明显。但是，扎伊翁茨的研究也指出，同胞数量达到一定水平后，也会出现积极的效应。该研究开拓了多子女家庭生多生少这一问题的研究思路，在该领域具有里程碑意义。

后来，以萨洛韦(Frank Sulloway)为代表的进化心理学家对多子女家庭中的同胞关系与人格发展进行了进一步的解析。同胞之间之所以有明显的差异，是为了避免同胞间的直接竞争，不管是无意识的还是有意识的，个体都会尽量避免同胞间的相似性，更趋于各自寻求独特的发展空间，以尽可能多地获取资源。按照进化心理学的观点，这种同胞间的区分性是适应的策略，它对家庭关系和人格发展都有一定的影响。萨洛韦（Sulloway，1995，1996）曾以“大五人格模型”对人格的出生顺序差异性作了系统的总结。例如，在尽责性人格上，先出生的孩子比后出生的孩子更尽责，这是因为先出生的儿童为了获得父母的支持和喜欢，就需要表现得如同父母的替代者，特别是在处理与同胞的关系时，这一点尤为明显。

这些早期的研究主要基于静态的家庭组织结构（例如出生顺序、性别组合、年龄差等人口学变量），以此来分析多子女家庭中儿童的社会性发展及情绪发展（Brody，1998）。但是，在最近的30年里，相继涌现出以社会学习理论、生态环境理论以及家庭系统理论（在后面的章节中会详细介绍这些理论）等为基础的研究，它们将家庭看作一个正在变化的“单位”，强调家庭是动态的组织和过程，并从不同的视角分析二孩家庭或者多子女家庭中的各种心理学议题，引燃了多子女家庭研究的热情（Brody，1998），使之成为更广泛的社会关注的主题（Conger & Kramer，2010）。

研究第二个孩子出生前后的家庭过渡期，或者说同胞关系建立的过渡期的相关议题，是在20世纪70年代中后期、80年代初才出现的，以邓恩（Judy Dunn）、斯图尔特（Robert Stewart）、莱格（Cecily Legg）为代表的学者开始逐步对相关问题进行探讨。邓恩及其同事合著的《同胞：爱、嫉妒与理解》（*Siblings: Love, envy, & understanding*,

1982)一书的问世,引发了研究同胞关系建立的过渡期的热潮。从20世纪90年代开始,研究者对同胞关系建立的过渡期这一议题进行了更广泛、更深入的探讨。

对这一研究领域进行探讨,其重要意义不言而喻。第一,对于第一个孩子,在从一孩家庭转变为二孩家庭的过程中,同胞的出现会使他有诸多需要适应的地方,第二个孩子的出生会给原有的一孩家庭带来新的家庭情境(Legg, Sherick, & Wadland, 1974)。第二,对于父母,养育一个孩子与同时养育两个孩子所面临的问题明显不同,父母将遇到不同的养育情境(Kreppner, Paulsen, & Schuetze, 1982)。第三,对于整个家庭,从一孩家庭转变成二孩家庭的过程会给家庭环境带来新的变化,既带来了发展的机遇,也带来了挑战。第四,第二个孩子出生后的第一年是非常关键的阶段,很多家庭问题(同胞间的冲突、婚姻质量变化等)会在这个阶段出现,并且极有可能持续发展并延续下去。因此,若能及早发现问题并进行干预,将有助于整个家庭的健康发展。第五,目前关于二孩家庭中的孩子如何养育,家庭如何应对即将出生或者已经出生的第二个孩子的大众读物很多,但是这些读物都缺乏基于实证研究的建议和信息(Kramer & Ramsburg, 2002; Schachter & Stone, 1987)。通过更深入的研究,解决家长以及心理、护理、教育等相关领域的从业人员亟须了解或深感困惑的问题,无疑具有重要的实践意义。而对这个领域的研究,将帮助整个二孩家庭认识并理解如何面对第二个孩子到来时的适应阶段,提供积极的应对策略,为二孩家庭的心理健康教育和咨询提供实证依据,其应用价值毋庸置疑。

## 第二节 我国的研究现状

我国关于二孩家庭的研究没有西方那么丰富，主要原因是，长期的独生子女政策使发展心理学家主要关注独生子女家庭中儿童的身心健康问题。所以，回顾文献，我们发现相关研究主要集中在探讨独生子女与非独生子女的心理发展结果是否有差异这一问题上。梳理相关中外文献发现，这类研究主要涉及两大类内容。

早期的文献聚焦于幼儿与儿童的发展状况，最为显著的表现是围绕独生子女是否出现媒体所渲染的“小皇帝”“小太阳”现象进行探讨。诸多研究的确发现，比起非独生子女，独生子女很少有集体自我的描述，更多的是聚焦于自我的记忆(Wang, Leichtman, & White, 1998)以及较低的合作性(何蔚，1997)；出现更多心理痛苦和行为问题(Liu, Lin, & Chen, 2010;安芹，贾晓明，2009)；有更明显的依赖性、任性等性格特征(方平，1990)；独生女孩出现更多的内隐和外显行为问题(陶国泰，邱景华，李宝林，等，1996)。一些将独生子女与非独生子女配对的研究发现，独生子女更以自我为中心，而非独生子女拥有合作、坚持等更积极的特质(Jiao, Ji, & Jing, 1986)。但是，众多研究也发现，独生子女与非独生子女在认知能力、学业表现、人格类型、人际技能、新环境适应等方面并没有差异(Falbo & Poston, 1993; Wan, Fan, Lin et al., 1994;查子秀，1985;焦书兰，纪桂萍，荆其诚，1992;茅于燕，1984;万传文，范存仁，林国彬，1984)，非独生子女反而会出现更多的情绪障碍(Yang, Ollendick, Dong et al., 1995)。另外，过去的文献还关注独生子女家庭和非独生子女家庭父母教养模式的差异。研究发现，尽管独生子女的父母会对子女的养育投入更多(Liu, Lin, & Chen, 2010; Short, Zhai, Xu et al., 2001)，但是他们并没有过分宠爱自己的孩子(Zhang, Kohnstamm, Cheung et al., 2001)。随着独生子女政策的深入推广，传统的重男轻女观念也逐渐削弱(Lee, 2012)。

随着20世纪八九十年代出生的独生子女的成长，他们当中的大多数人已经进入成年期，因此，近期的文献逐渐开始关注成年初期(大学生阶段)独生子女与非独生子女的各种心理发展的结果。例如，有研究采用倾向分数半径匹配的方法，对独生子女和非独生子女在生活满意度、主观幸福感、自我效能感、孤独感、焦虑和抑郁等情绪适应方面的表现进行研究，发现均无显著差异(苑春永，陈福美，王耘，等，2013)。但是，也有研究发现两类群体存在一定的差异。例如，非独生子女的大学生在与异性交往方面比同龄人有更多的困扰(张灵，郑雪，严标宾，等，2007)，表现出更高的神经质和敌意等人格特征(Wang, Du, Liu et al., 2002)。有研究发现，独生子女在家庭中体会到更多的来自同辈的孤独感，焦虑情绪比非独生子女要多(张俊，卢家楣，2008)。又如，针对涵盖我国21个城市的4 811名大学生进行的人格诊断问卷调查发现，独生子女的偏执型、反社会型、依赖型人格的阳性率显著高于非独生子女，而非独生子女的回避型、强迫型人格的阳性率显著高于独生子女组(凌辉，黄希庭，窦刚，等，2008)。最近，美国《科学》(*Science*)杂志上的一篇文章声称，独生子女表现出低信任、低竞争性、低责任心、高悲观等特点(Cameron, Erkal, Gangadharan et al., 2013)。

回顾上述文献不难发现，尽管没有直接探讨家庭新增孩子对第一个孩子的影响，但是从另一个角度可以看出，比起独生子女，非独生子女在一定程度上的确会出现心理发展上的差异，同时，父母应对两个孩子采用的策略和方法也会与应对一个孩子有所不同。单纯对独生子女（无同胞）与非独生子女（有同胞）两类群体进行比较，并不能清楚了解在从一孩家庭转变为二孩家庭的过程中，新增孩子对第一个孩子的发展有什么样的影响，也不能明确在这一转变过程中父母养育的内容、形式和产生的作用有无变化，其变化的机制是什么。

第二章

# 从一孩家庭到二孩家庭的过渡

家庭环境是儿童发展最近体的(proximal)社会环境。值得指出的是，家庭环境本身也是一个复杂的系统，包含多个子系统。家庭环境各子系统之间是相互联系、相互影响的，它们的关系会直接影响儿童的发展。所以，从一孩家庭到二孩家庭的过渡是一个很好的研究机会，可以运用生态系统理论和家庭系统理论来探讨家庭成员的心理特点与所处环境的相互作用是如何影响个体适应这一过渡阶段的。

从一孩家庭到二孩家庭的过渡常被看作正常的家庭过渡阶段，它涉及如何迎接新的同胞降临，同时也可能带来相应的压力生活事件。有些学者认为，新同胞诞生的压力给儿童带来的痛苦在某种程度上是正常的、普遍存在的(Winnicott, 1964)。而有些学者认为，新同胞诞生并不仅仅意味着简单的同胞关系的出现，在此过程中会有诸多的家庭系统的改变，对家庭来说可能会带来巨大的危机。危机理论和正常发展理论从两种不同的视角看待第二个孩子出生给家庭带来的影响。

## 第一节　生态系统理论

生态系统理论强调通过个体特点与社会情境的相互作用来塑造和影响个体的发展(Bronfenbrenner，1988；Bronfenbrenner & Ceci，1994)。根据生态系统理论的观点，家庭是一个开放的系统，会受到外部因素的影响。这些因素总结起来就是不同水平的系统，包括微观系统、中间系统、外部系统以及宏观系统。

家庭本身是一个微观系统，它是最近体的日常生活情境。例如，在二孩家庭中，家庭成员相互关系的质量影响每个成员。

中间系统指不同微观系统之间的联系。例如，家庭成员的某些行为习惯在家庭中和在学校中是一致的。对于多子女家庭中的第一个孩子，如果他在学校里能很好地与同伴相处，那么在家中往往也能很好地与新出生的同胞相处。

外部系统指那些个体并未直接卷入但对其发展产生影响的情境。例如，父母的工作情境就是外部系统，儿童与父母的亲子关系可能会受父母在工作中感知到的压力的影响。对于二孩家庭，第二个孩子的出生本身就会给整个家庭带来压力，如果父亲在工作中压力过高，就很难平衡家庭与工作，从而导致对儿童的关注与投入降低，不能帮助第一个孩子缓冲因弟弟或妹妹的出生而面临的不适应。但也有可能因为父母工作较投入，第一个孩子会主动承担起照顾弟弟或妹妹的责任。有一项实证研究很好地诠释了第二个孩子的出生是如何影响外部系统情境的。该研究比较了二孩家庭和独生子女家庭，发现生育两个孩子的母亲更可能在第二个孩子出生后的 2—4 年中减少工作时间，而独生子女的母亲更可能增加工作时间。因此，在有两个孩子的家庭中，第一个孩子若年龄为 3—5 岁，就很少有可能去上日托班，因为在这样的家庭中，母亲往往是全职太太，可以在家中照顾孩子（Baydar，Greek，& Brooks-Gunn，1997）。因此，第二个孩子的出现同时改变了父母及第一个孩子在其他情境中的互动与参与情况。

宏观系统指更广泛的社会文化情境（例如政治因素、地区社会经济状况、文化风俗等）。例如，不同的社会文化可能影响同胞竞争的激烈程度：相较集体主义（或者非西方）社会，个体主义（或西方）社会中同胞之间的竞争更明显（Maynard，2004；Nuckolls，1993）。又如，在家庭观念很强的文化群体中，家庭中同胞之间的关系更亲近（McHale，Updegraff，Shanahan et al.，2005）。

作为近体系统的家庭，其结构和组成会影响家庭的动态过程，是对各家庭成员产生作用的最直接的影响因素。生态系统理论强调个体的特点与环境的相互作用，那么新生的第二个孩子的差异性以及随着成长和发展表现出来的差异性都需要在生态系统框架内予以分析。例如，从第二个孩子出生之后展现出的气质差异性来说，易养型气质与难养型气质本身就会在一定程度上影响整个家庭系统；而从第二个孩子动作发展过程中的变化的差异性来说，在从只会躺着至能够坐着，从会爬行至会走的发展过程中，父母的参与度以及协同养育会相应地发生巨大的调整。同样，第一个孩子也在成长和发展，他们也影响着家庭生态系统。如果同时考虑两个儿童，那么家庭生态系统会变得更加复杂，更具有动态性。

值得注意的是，家庭内部的一些变化也直接影响家庭成员。例如，家庭经历的压力事件对家庭成员的负面影响就很强烈。穆尔(Moore, 1969)比较了同胞诞生的经历与一些独特的童年经历(例如，父母过世)，它们都对儿童未来人格的发展造成相似的影响。这些都值得在家庭生态系统框架内进一步去思考和探讨。

## 第二节 家庭系统理论

家庭系统理论认为，家庭成员构成相互依赖并相互影响的动态家庭系统，而家庭是一个按照一定的层级组织起来的开放系统，该系统中的每一个成员有能力影响其他成员，因此，他们都会为整个家庭系统作出独特的贡献(Cox & Paley, 1997; Krepner & Lerner, 1989; Minuchin, 1988)。此外，家庭系统本身包含若干子系统，包括夫妻婚姻关系、父母协同养育关系、亲子关系和同胞关系，它们都是家庭内部的社会关系或者关系联盟。

在这些家庭子系统中，夫妻婚姻关系构成了家庭的基础，决定了家庭生活的质量(Erel & Burman, 1995)，并对儿童的发展有重要影响。大量研究已经发现，低质量的婚姻导致不同年龄段的儿童出现诸多适应问题。处于婚姻关系紧张或夫妻频频冲突的家庭中，儿童的认知能力与社会情绪发展会直接受到影响，导致各类情绪问题、行为问题和其他心理问题(Gottman & Katz, 1989; Grych & Fincham, 1990; Hentges, Davies, & Cicchetti, 2015)。

父母协同养育指父母双方协调好各自承担的角色，合理分工，共同养育儿童,它是家庭中承担父母角色的成人之间的关系(Schoppe-Sullivan, Mangelsdorf, Frosch et al., 2004)。父母协同养育与夫妻婚姻关系这两个子系统是有区别的,前者强调儿童的健康与福祉,而后者强调配偶的福祉(Belsky, Crnic, & Gable, 1995)。因此,父母协同养育在家庭系统中具有独特的作用,它把夫妻双人关系拓展为三人关系或者整个家庭水平的关系(Gable, Belsky, & Crnic, 1992; Schoppe-Sullivan, Mangelsdorf, Frosch et al., 2004)。父母在养育孩子时互相支持、共同投入,能促进儿童的积极发展(Belsky, Crnic, & Gable, 1995; McHale, Khazan, & Erera, 2002)。

亲子关系即父母与子女之间的关系,是家庭关系的重要组成部分。父母与子女的关系从广义上讲包括父母对子女的养育行为、父母与子女建立的情感纽带、父母与子女之间的沟通模式、父母与子女之间的冲突等多方面的内容。从父亲与母亲的关系来讲,诸多研究主要聚焦于母亲与儿童的关系,然而,父亲在家庭中起着独特的作用,父亲为儿童提供了母亲所不能提供的经历(Parke, 2000)。在亲子关系的研究中,父亲的作用不容忽视,应该同时考察父亲和母亲同子女建立的亲子关系。

同胞关系具有独特的发展功能,它是持续时间最长的关系,它与亲子关系、同伴关系既有相同之处,也有不同之处(Sroufe & Fleeson, 1986)。与亲子关系一样,同胞关系也有很强的情绪卷入;与同伴关系相似,同胞关系具有同伴关系的本质特点(Cox, 2010)。同胞关系是多子女家庭系统中重要的子系统。

这些家庭子系统也会相互影响,并且协同家庭成员的个体变化而发生动态的变化。因此,家庭系统理论强调,家庭成员、家庭子系统以及作为整体的家庭单元都具有动态性，会影响每个家庭成员及所组成的家庭单元的功能。

基于家庭系统理论，不能简单地认为二孩家庭与一孩家庭相比只是多了一个孩子。以最简单的核心家庭为例，在从一孩家庭向二孩家庭转变的过程中，实际上是从三口之家转变成四口之家，其中牵涉到新关系的出现以及旧关系的变化和重组。就像在我们的社会中，当进入成年期后，为人父母被看作是比结婚更至关重要的角色转换，因为在为人父母这一过渡阶段中，孩子的降临不仅改变了夫妻间现存的关系，而且改变了新手父母与外部世界之间的关系（Hill & Aldous，1969）。换句话说，第一个孩子的降临会在很大程度上影响年轻夫妇的生活方式和状况。举一个非常简单的例子，年轻的夫妻原本过着两人世界，有了孩子之后，他们就要从两人世界过渡到三人世界。夫妻中的一方甚至可能不得不辞去工作，全身心地照顾孩子，而另一方也许为了承担更多的家庭经济责任而改变原有的工作模式。这一系列变化都是因孩子的降临而发生的。同样，第二个孩子的降临会使整个家庭关系发生新的变化（Kreppner，1988）。当我们研究二孩家庭时，一定要将各家庭成员以及家庭成员之间的关系嵌套在相互交错影响的家庭关系网络之中。

克雷普纳（Kreppner，1988）在家庭系统理论的影响下，从结构性和家庭发展的视角提出，随着第二个孩子的降临，家庭在以下三方面出现了变化。

第一，家庭结构的变化。在典型的以两代人为基础的核心家庭中，从三口之家转换成四口之家时，家庭的结构会发生巨大的变化。

在三口之家中，因第一个孩子的出生，由婚姻建立起来的夫妻之间的双向关系发展出两种双向的关系，即母亲与儿童的关系和父亲与儿童的关系。在这样的三口之家中只存在一种三角关系，而且新手父母可能会与儿童建立共同的互动模式。那么，相对来说，关系模式会变得更加简单，也许可以简化成两种双向关系，即夫妻关系和亲子关系。但是，随着第二个孩子的出生，三口之家变成四口之家之后，就可能存在六种双向关系、四种三角关系以及一种四角关系（参见图2-1）。第二个孩子的出生在不同的关系模式中增加了互动的机会，同时也会使原有的关系模式及其互动减弱甚至消失，这也许是寻求新的平衡的一种必然结果。家庭结构的变化在新同胞出生之后也许不会立刻显现出来，但是随着第二个孩子逐渐成长，尤其在其2周岁左右时，新的家庭关系模式逐渐变得丰富起来，而且某些家庭关系模式逐渐稳定，成为家庭中主导性关系模式。

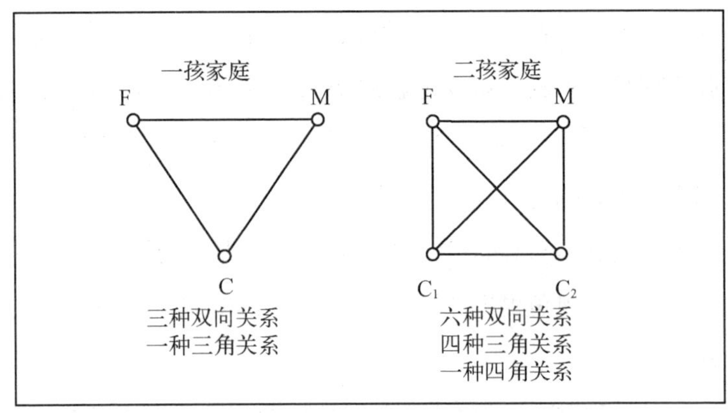


**图2-1 一孩家庭和二孩家庭中可能存在的互动模式**

注：F代表父亲，M代表母亲，C代表孩子

第二，家庭任务的变化。如果个体在其成长过程中需要解决一系列任务，作为一个整体的家庭也要在其发展的过程中应对并解决若干任务，那么，随着第二个孩子的降临，家庭的主要任务是解决相应出现的各种问题，以实现新的家庭平衡。

第三，家庭发展的变化。随着第二个孩子的出生，家庭开始扩展，此过程不同于最初的家庭建立过程。尽管对夫妻来说，第一个孩子的出生开启了新的家庭发展，在此过程中他们的新角色和关系建立起来，家庭发展也在进行中，但是随着第二个孩子的出生，家庭发展更加凸显。具体来说，随着第二个孩子的出生，现有的亲子关系不得不被区分和具体化，呈现为第一个孩子与父母的关系以及第二个孩子与父母的关系，并且存在着关系整合过程。例如，母亲需要承担起照顾两个孩子的责任，而父亲可能从很少照顾第一个孩子变为在其身上增加投入，与其建立更亲密的父子关系。考虑到家庭内部不同成员的角色和个性特点，可能重组复杂的家庭关系模式，这种关系的组织以及整合是家庭发展的前提。

上述三方面可以看作家庭系统的三个重要的特征：家庭发展的变化说明了家庭的动态性；家庭结构的变化说明了家庭形式的变化；家庭任务的变化说明随着家庭发展及其结构的变化，家庭内容也发生了相应的变化。

最近，美国密歇根大学的发展心理学家沃林（Volling，2005）整合了生态系统理论和家庭系统理论，就第一个孩子在弟弟或妹妹出生前后过渡阶段的适应与发展提出了发展生态系统模型。在该模型中，第一个孩子嵌套于家庭系统中，而家庭系统又嵌套于比它更大的生态系统和环境系统中。这个模型强调第一个孩子的发展轨迹与情境变化的动态交互作用,并且第一个孩子的发展轨迹与情境变化在过渡期中是同时发生的,因为不管是作为个体的儿童某方面的变化,还是作为环境的家庭某方面的变化,都会影响儿童或者家庭的其他方面的变化。因此,第一个孩子适应变化的部分原因是家庭系统的联动变化(例如,父母与第一个孩子关系的变化、母亲的抑郁状态、父母婚姻质量的变化、父母自身心理状态的变化等)。不能简单地说第一个孩子的适应、发展与变化是由于新出生的同胞而直接导致的,他的这些变化可能还受到家庭其他方面的多重联动变化的间接影响。作为个体的儿童和父母以及作为情境的各种社会关系和环境因素,都应该纳入分析范围中。

此外,第一个孩子会经历建立同胞关系这样一个过渡阶段,而在这一阶段他是积极适应还是消极应对,不同的心理学理论提出了不同的预测,对二孩家庭形成过程中的过渡期作了不同的描述(Volling, 2012)。有理论如生态过渡观将这一过渡时期看作一个常规的发展阶段,认为并非所有儿童都会出现问题,只有少数、某类儿童群体才会出现心理和行为问题。也有理论如家庭危机观认为,第二个孩子的出现会给包括第一个孩子在内的家庭成员带来压力和心理威胁,导致各种消极心理变化和行为变化。接下去,我们分别简要介绍这两种不同的观点。

## 第三节　生态过渡观

生态过渡观认为,第二个孩子出现的过渡时期可以看作一个常规的转折阶段，由于家庭环境开始转变或者出现某种不连续的发展，儿童及其家庭成员的生活出现转折，从而导致其心理功能发生变化(Bronfenbrenner, 1979; Volling, 2012)。在这一过渡阶段出现压力源被视为正常，所有生育第二个孩子的家庭都可能经历(Rutter, 1996; Wagner, 1998)。因此，对于大多数儿童，经历新生同胞的降临是一个非常正常的事件。在美国，接近80%的儿童至少有一个同胞(U.S. Census Bureau, 2009)，这一数据与世界其他国家和地区的数据保持一致(Conger & Kramer, 2010)。可以想象，对于这么普遍的一个家庭事件，如果它是一种非正常的消极事件，那么从进化心理学适应性的角度来看，就不应该出现这么多的家庭都去生育多个孩子，因为它给整个家庭带来的不良后果可能是难以想象的(陈斌斌, 2016)。就以第一个孩子对新出生的弟弟或妹妹作出的攻击行为或者嫉妒行为为例，尽管父母会把第一个孩子的这种行为看作应对同胞的不适应的标志，但是从正常发展观来看，这些反应是第一个孩子正常的表现，在过渡期不需要特别的干预，随着时间的推移，他的这些反应有可能逐渐消失。

生态过渡观主要强调家庭的变化可能会给特别年幼的儿童带来挑战，但是同时也可能为他们制造加速成长和发展的机会，对他们来说这是一个重要的发展转折点。例如，研究发现，随着第二个孩子的出生，第一个孩子的语言发展快速提高；在这一过渡阶段，第一个孩子自我照料的技能也有了长足的进步，包括吃饭习惯和如厕训练等；同时，他们的社会能力也有所提高。这些证据都说明，家庭中新的同胞的出现有利于第一个孩子社会能力和行为能力的发展(更详细、具体的研究可参见本书第五章的内容)。

生态过渡观还认为,并非所有儿童都会在过渡期出现变化,只有少数、某类儿童才会出现相应的行为变化或者心理变化(Rutter, 1996)。但是,由于过去使用的统计方法的局限性,目前尚未对这类研究进行系统的分析。随着高级统计方法的使用,如潜变量混合增长模型的开发(Muthén & Muthén, 2012),未来研究者可以通过追踪第一个孩子在过渡期内的发展轨迹,尤其是分离出不同群体的发展轨迹,去验证生态过渡观的假设。

## 第四节 家庭危机观

家庭危机观认为,第二个孩子的出现是一种压力生活事件,它会给包括第一个孩子及其父母在内的家庭成员带来诸多的心理压力和心理威胁,这将导致家庭成员产生各种消极心理变化和行为变化(Cowan & Hetherington, 1991; Stewart, 1990)。

家庭危机观的核心是,在某些过渡期,当家庭成员的需求和能力不能平衡从而导致不适应时,家庭危机就可能出现(Volling, 2012)。通常情况下,家庭成员以及整个家庭的需求会随时间而变化,使得家庭危机出现转变并自动解决,不需要家庭及其成员去处理某个压力生活事件。例如,家中4岁的孩子进入幼儿园,这对家庭来说是一个重要的过渡期,孩子初入幼儿园的几天可能会不适应,父母会有所担心,但是老师以及同伴给予孩子足够的支持,孩子逐渐地适应了幼儿园的新环境,这一家庭危机就逐步消失。但是许多家庭身处过渡期时,会不断累积需求、困难和挑战,导致过渡期转变成危机期。例如,夫妻在向为人父母过渡的阶段,会遇到不断累积的困难(包括养育压力、工作压力、经济压力等),这些困难不能自动消失,就造成了家庭危机的出现。

如同父母生育第一个孩子面临初次为人父母的角色转变,他们在承担新的角色的过程中,需要面对来自不同生活领域的各种压力和危机一样,生育第二个孩子时,父母也会面临各种压力和危机,已经出生的第一个孩子同样会经历发展的危机(Colonna & Newman, 1983)。家庭在第二个孩子出生的过渡阶段,会经历过去从未经历的围绕家庭系统发生的各种变化(例如,亲子关系、同胞关系、夫妻养育的投入等方面的变化)以及附带的压力生活事件(包括第二个孩子的到来是否具有计划性,第二个孩子的分娩过程是否顺利,两个孩子出生的年龄间隔,等等)。对于这些累积起来的压力生活事件及变化,家庭成员如果不能在短时间内很好地应对和适应,它们就成为压力的重要来源,就会造成家庭危机。在国外,包括临床医生、护理人士以及家庭医生在内,都将二孩家庭形成过程中的过渡阶段看作压力生活事件,需要父母特别关注(Faber & Mazlish, 1998; Murphy, 1993)。

在同胞关系出现的过渡阶段,第一个孩子及其父母会因为这些压力而产生行为问题和心理不适应,其中最典型的第一个孩子的心理不适应问题就是退化。退化是较年长的儿童表现出类似婴儿或者较低年龄段儿童的不成熟行为,其目的是获得父母的关注和奖赏。退化行为随着家庭中第二个孩子的出生而迅速出现。在母亲住院生产期间,即使有父亲的积极参与,以及允许第一个孩子去医院探望母亲——这对儿童应对亲子分离来说具有一定的缓冲作用——第一个孩子仍然会感觉痛苦,出现退化行为。除此之外,第一个孩子会表现出更多的消极情绪、不安全依恋水平提高以及睡眠障碍等不适应的心理、行为和生理反应(参见第五章对第一个孩子适应问题更详细、具体的介绍)。最典型的父母不适应问题是夫妻关系紧张和出现冲突,父母与第一个孩子的亲密性出现下降趋势等(参见第六章对父母适应问题的详细分析)。对家庭压力生活事件的影响机制及家庭相应的应对措施的探讨需要以跟踪设计研究为基础,方可分析家庭成员及其功能随着压力生活事件的出现而发生变化的情况。

第三章

# 父母准备生育第二个孩子

与经历第一次怀孕的父母相比，准备生育第二个孩子的父母，其心理状态有很大的不同，需要考虑的问题与生育第一个孩子时也有很大的差别。他们不得不考虑第一个孩子的状况、自己抚养子女的能力和对工作与家庭（如照顾孩子）的态度、家庭可以得到的社会支持等。例如，有些只想生育一个子女的母亲，可能觉得养育一个孩子已经令她们厌倦，比起那些想要生育两个或者更多个孩子的母亲，她们会觉得工作更重要，能让她们具有更大的价值（Callan，1985）。

总体而言，在一个特定的家庭中，如果要生育两个或者更多个孩子，家庭成员就会对家庭结构本身的某些特点以及对不同孩子的投入分配详细考虑和权衡。下面从子女出生年龄间隔、子女的性别、家庭经济状况、父母的生育计划以及家中有身心障碍的子女等家庭结构层面、家庭经济状况层面、父母心理层面、子女的身心特点层面分析父母准备生育第二个孩子时需要考虑的因素。

## 第一节　出生年龄间隔

实际上，读者在随后阅读本书的过程中一定会注意到，在多数情况下，我们会将第一个孩子的年龄段描述出来，或者会在描述时着重强调年龄段差异，这是非常有必要的。第一个孩子的年龄以及两个孩子的年龄间隔会使他们应对过渡阶段时的表现产生显著差异。

在国外，大多数同胞间的年龄差在2—3岁，也就是说，大多数儿童在2—3岁时成了哥哥或姐姐。例如，美国的健康和人类服务部门曾在其"健康人2010"(Healthy People 2010)计划中建议，母亲生育子女的年龄间隔应该超过24个月(US Department of Health and Human Services, 2000)，而在其10年之后的"健康人2020"计划中，该建议有了微调，认为怀孕间隔(即从分娩到下一次怀孕)应该超过18个月(US Department of Health and Human Services, 2010)。这就意味着，第一个孩子经历弟弟或妹妹出生时的年龄应该大一些。这是因为如果第一个孩子过于年幼，他可能还没有时间发展出必要的技能和成熟的心理去成功地应对新增孩子出生的过渡期，这就会给他带来身心发展困难的风险(Volling, 2012)。

因此，所谓的年龄问题实际上就是第一个孩子是否已经发展出成熟的认知、情感、行为技能，如果没有在适当的年龄发展成熟，那么就会给他带来风险。在某种程度上，出生间隔越长，第一个孩子越具有成熟发展能力及独立自主，就会"释放"更多的父母养育资源用于照顾年幼的弟弟或妹妹(Zajonc, 2001)。出生年龄间隔会影响儿童甚至全部家庭成员的心理和生理状况。

## 一、健康方面

对于母亲，母乳喂养往往会延迟再生育期，从而延长了同胞出生的年龄间隔。母乳喂养之所以有此效果，主要是因为在母乳喂养过程中，婴儿喝奶会刺激某些泌乳激素的释放，它在促进母乳产生的过程中同时抑制了女性排卵（Anderson, Marks, & Park, 1984）。因此，对于准备生育第二个孩子的父母，如果还在母乳喂养第一个孩子，首先就要准备好给他断奶。同时，父母也要考虑到过短的母乳喂养会对儿童的健康造成一定影响（Anderson, Marks, & Park, 1984），要避免因为想尽快生育第二个孩子而过早停止母乳喂养。

此外，同胞间的年龄差过小对相关联的两个同胞的健康都有不利影响（Huttly, Victora, Barros et al., 1992）。例如，有一些极端的、令人痛心的发现是，分娩与再次怀孕间隔只有 8 个月时，第二胎婴儿的死亡率会显著上升（Wolfers & Scrimshaw, 1975）。鉴于怀孕间隔过短对儿童健康的不利影响十分深远，有学者呼吁卫生部门应该促进营养补充品的投入，以弥补生育间隔短带来的负面影响（Hayes, Luchok, Martin et al., 2006）。

即使不考虑出生年龄间隔对同胞身体健康的影响，也要考虑它会影响母亲的身体恢复以及给母亲造成的各种健康问题，甚至可能导致母亲死亡（Anderson, Marks, & Park, 1984; Conde-Agudelo, Rosas-Bermúdez, & Kafury-Goeta, 2007）。那么，是不是出生年龄间隔越大，对母亲的健康越有利呢？实际上，这一问题并非如此简单。出生年龄间隔越大，母亲也越年长，这时候母亲怀孕容易出现各种病症（Conde-Agudelo, Rosas-Bermúdez, & Kafury-Goeta, 2007）；一是先兆子痫(即怀孕后期的高血压状态,伴有体重剧增、水肿、蛋白尿和严重头痛等),每增加一年的出生间隔或者怀孕间隔,母亲患此症的概率就增加10%—12%(Mostello, Catlin, Roman et al., 2002; Skjaerven, Wilcox, & Lie, 2002),怀孕间隔超过五年会达到风险的临界值;二是难产,包括因子宫收缩力异常导致宫口不能扩张而产生的功能性难产,以及胎位不正等导致的难产。除了母亲年龄的考虑外,也有研究者认为,这可能是因为生理机能退化导致的(Zhu, Grigorescu, & Le, 2006)。具体地说,怀孕需要在生理机能上作准备并且优化母亲的生长能力。但是在分娩之后,母亲逐渐失去了在怀孕之前所能达到的生育子女的能力,如果下一次的怀孕时间不是很接近,那么在生理上就退回到初次妊娠时的状态,所以导致难产的发生。

## 二、心理方面

从心理层面来说,儿童成长的不同阶段都有其各自的发展任务。如经典的发展阶段理论——皮亚杰(Jean Piaget)的认知发展阶段理论、弗洛伊德(Sigmund Freud)的性心理发展阶段理论、埃里克森(Erik H. Erikson)的社会心理阶段理论、鲍尔比(John Bowlby)的依恋理论,都为理解不同发展阶段儿童的认知、社会情绪发展状况提供了有用的理论基础。家庭环境可能会在应对不同阶段的发展任务时对儿童产生深远的影响。随着第二个孩子的出生,家庭环境发生了重大的变化,从而对已出生的第一个孩子产生一定的影响。两个孩子的年龄差实际上代表着第一个孩子所处的发展阶段,而弟弟或妹妹出生所带来的家庭生活事件必定会作用于处于不同发展阶段的第一个孩子，甚至对其在特定发展阶段的任务实现起到某种促进或者抑制的作用（Kreppner，Paulsen，& Schuetze，1982；Volling，2012）。例如，在2岁时，儿童正处在与父母建立安全型依恋的关键期；3岁时正在接受如厕训练，形成独立自主行为；4岁时已经进入幼儿园，开始离开家人；6—7岁时开始上小学，面临学业的压力。这些都是儿童在不同发展阶段的一些典型而又关键的发展里程碑。可以想象，处在上述不同阶段的孩子面对新生的弟弟或妹妹时，可能产生的不良反应会阻碍他们正常发展任务的完成。例如，由于父母都将关注转移到了弟弟或妹妹身上，处在依恋形成和发展阶段的2岁孩子就可能建立不安全型依恋，努力寻求父母的关爱；3岁的孩子可能会因父母对如厕信号的敏感性不够而出现如厕训练困难；4岁的孩子上幼儿园总是哭，因为他们认为父母关爱新生的弟弟或妹妹才会“不要自己”了；7岁的孩子回家总是被弟弟或妹妹的哭闹声干扰，不能静心做作业，导致学业困难。因此，当我们解释两个孩子的年龄间隔与第一个孩子应对弟弟或妹妹时的心理反应时，我们需要仔细分析第一个孩子的发展水平以及相应年龄段的发展任务。

另外，从动态发展的视角来看，除了第二个孩子的出生这一事件及其时间点，随着第二个孩子自身的成熟与发展，其不同发展阶段的变化同样会引发第一个孩子及父母的心理应对和心理发展。例如，第二个孩子出生之后在4—6周开始会笑，在3—4个月开始会用手指抓物品，在1周岁前后会站立和走动，这些发展任务的完成会直接影响两个孩子的互动模式以及父母与第二个孩子的互动与养育模式。对于第二个孩子,第一个孩子的发展也会对他造成影响。因此,在某种程度上,新的家庭成员使家庭系统发生变化,不同年龄阶段的两个孩子会互相影响对方。

如果在第一个孩子年龄过小的情况下其弟弟或妹妹就出生了,母亲就需要投入更多的关注和精力,但由于父母的投入总是有限的,在不是最优生育间隔的条件下,实际分配到两个孩子身上的父母的投入就会减少,从而导致两个孩子的发展都出现问题。我们想象一下,如果有两个家庭,假设家庭 A 中两个孩子相差 5 岁,那么当弟弟或妹妹出生时,第一个孩子已经 5 岁,应该进入幼儿园了,父母就有更多的时间照顾新出生的孩子;当第一个孩子 15 岁时,已经进入激烈变化的青春期,其弟弟或妹妹只有 10 岁,还处在相对稳定的童年期,此时父母可以更关注进入青春期的孩子。假设家庭 B 中两个孩子相差 2 岁,那么,当弟弟或妹妹出生时,第一个孩子才 2 岁,此时两个孩子都需要父母的喂养、协助如厕、生病时的照料等,他们会竞争父母的投入和照料;当第一个孩子 15 岁时,弟弟或妹妹 13 岁,两个孩子都进入青春期,父母需要同时关注两个处于青春期的孩子,压力会很大,父母就可能采用不恰当的教养方式(Kidwell, 1981; Liddell, Barrett, & Henzi, 2003)。实证研究的确发现,同胞间的年龄差越小,他们出现相似适应结果的可能性就越大(Feinberg & Hetherington, 2000; McHale, Bissell, & Kim, 2009; Samek & Rueter, 2011)。

研究发现,第一个孩子的年龄越小,其依赖和黏人的行为就越频繁地出现(Dunn, Kendrick, & MacNamee, 1981),更希望母亲抱他

(Kendrick & Dunn, 1980),出现更多因为父母的关爱转移到弟弟或妹妹身上而导致的嫉妒情绪(Volling, McElwain, & Miller, 2002)。即使是同一年龄段的儿童,年龄长幼效应仍然很明显。例如,同在学步儿期,年龄较小的学步儿可能出现明显的退化行为,如想用奶瓶,而年龄稍长的学龄儿童的退化行为就不明显(Legg, Sherick, & Wadland, 1974)。第一个孩子年龄越大,他们在与新生同胞最初的互动中表现得就越积极、越主动(Kramer & Schaefer-Hernan, 1994)。另外,在学前期第一个孩子与学步儿期第二个孩子配对的同胞组合中,总体而言,同胞间年龄间隔越小,出现的对同胞的嫉妒等负面情绪就越强烈(Volling, McElwain, & Miller, 2002)。所以,穆尔(Moore, 1969)总结发现,第一个孩子年龄越小,受新增孩子影响而出现心理紊乱的可能性越大。尤其是第一个孩子的年龄在 3 岁以下时,他们在应对第二个孩子的出生时多数会倾向于展现外显的消极反应,而超过 6 岁的孩子就不大会作出这样的反应。因为 2—3 岁这个年龄阶段恰巧是儿童自我调节能力发展的重要阶段(Kochanska & Aksan, 1995; Young, Fox, & Zahn-Waxler, 1999),出现消极反应可能暗示着他们自我调节能力的发展因为弟弟或妹妹的出生而受到阻碍。哈耶斯等人(Hayes, Luchok, Martin et al., 2006)发现,出生年龄间隔太小(低于 24 个月),会影响之前出生的儿童入学前的预备能力(主要指在准备进入幼儿园之前必须具备的一系列具体的技能)以及认知能力。同样,两个同胞之间年龄间隔越小,越不利于第二个孩子的生理和心理能力的获得。例如,研究发现,年龄间隔越小,后出生的孩子学会走路的年龄越晚(Berger & Nuzzo, 2008)。

之后的研究还关注因母亲怀孕间隔短，随后出生的儿童（例如，第二个孩子、第三个孩子等）是否会出现不利发展状况。同胞间年龄间隔越小，同胞之间的竞争就会越激烈（Buhrmester & Furman, 1990），导致同胞之间出现敌意（Kramer & Kowal, 2005）。同胞间年龄差越小，同胞的相似性也越高，进而使得不良的同胞社会影响在年龄差越小的同胞身上表现得越明显。具体地说，同胞关系冲突与个体出现内化问题之间的关联性在同胞间年龄差越小的群体中越明显（Buist, Deković, & Prinzie, 2013）。相反，如果第一个孩子与第二个孩子的出生年龄间隔较大，就能让第一个孩子有机会承担照顾者的角色，照料年幼的孩子。而且，过去的研究发现，同胞间年龄差越大，年幼的同胞越愿意接受来自年长同胞的指导（Abramovitch, Corter, & Lando, 1979），彼此不会视对方为竞争对手。研究者发现，如果同胞之间的年龄差超过 4 岁，同胞之间会更加亲密，作出更多亲社会行为，并且年长的孩子更易得到钦佩，同胞间发生的冲突也会较少（Buhrmester & Furman, 1990）。因此，有些研究者指出，对出生间隔较大的同胞来说，较年长的孩子可以承担部分父母的角色，也就是照顾自己较年幼同胞的角色（Kreppner, Paulsen, & Schuetze, 1982; Zukow-Goldring, 2002）。年长儿童作为照看年幼儿童的重要角色具有跨文化的普遍性（Zukow-Goldring, 2002）。值得注意的是，由于年龄较小，处在童年早中期的年长儿童在与比自己小的婴儿与学步儿同胞互动时，往往采取主导性方式，即要求幼小的同胞顺从自己，忽视幼小同胞想要与其互动的请求，这种偏主导性的互动方式似乎有利于处在这个阶段的儿童的同伴社会适应（Harrist, Achacoso,

John et al., 2014)。

结合这些研究结果，我们不难发现，出生年龄间隔越小，同胞间发生的冲突会越激烈，并且会产生更多的内化行为问题。出生年龄间隔还会导致较严重的心理症状。例如，母亲两次分娩间隔过短(例如，低于 18 个月)会导致精神病症性质的心理紊乱以及自伤行为(Riordan, Morris, Hattie et al., 2012)。又如，怀孕间隔如果短于 12 个月，随后出生的孩子患自闭症的风险最高(Cheslack-Postava, Liu, & Bearman, 2011)。

两个出生年龄间隔较小的同胞如果出现心理与行为问题和适应困难，其直接原因往往是父母的不良养育行为。出生年龄间隔过小很容易让人联想到父母的准备期缩短，这会导致父母在养育上的措手不及，也有可能导致家庭功能紊乱。研究发现，母亲生育某个孩子与前一个孩子之间的年龄间隔越小，对这个孩子的养育行为越容易采取忽视或者其他消极的方式(Crowne, Gonsalves, Burrell et al., 2012)；不仅如此，母亲生育间隔短(例如，低于 24 个月)还会对之前出生的孩子产生连带的负面影响，包括被父母忽视、得不到父母的关爱(Crowne, Gonsalves, Burrell et al., 2012; El-Kamary, Higman, Fuddy et al., 2004)，这些孩子就会出现更多的问题行为以及具有较低的认知能力(Crowne, Gonsalves, Burrell et al., 2012)。对于青少年母亲，怀孕间隔过短对她们接受教育及其职业发展、福利等方面都造成不良影响，其亲子养育等诸多方面的情况会更糟糕(Polit & Kahn, 1986)。

总的来说，同胞之间的出生年龄间隔相对越大，就越能创建更有利于同胞及其父母的“呼吸空间”(Kidwell, 1981; Zajonc, 2001)。但是我们不得不意识到，没有绝对有优势的年龄间隔，也没有绝对劣势的年龄间隔；最佳的年龄间隔受到诸多因素的影响，包括家庭环境、家庭收入、父母的心理状况、社会支持等(Dunn, 1995; Wagner, 1998)。而且，家庭社会性因素(如亲子关系)对第二个孩子出生之后家庭适应的影响可能超过诸如同胞出生年龄间隔等家庭结构性因素对其的影响(Dunn, 1983)。

## 第二节　子女的性别

相比前面分析的同胞之间的年龄间隔，子女的性别实际上是父母不能控制的因素。在二孩家庭研究中，许多研究问题都取决于第一个孩子是男孩还是女孩，第二个孩子是男孩还是女孩，以及两个孩子是同性别组合的同胞还是异性别组合的同胞等性别变量。

在中国传统文化背景下，子女往往被要求尊重家族中的长辈、服从家族规矩、孝顺父母(Hwang, 1999)。同时，中国人长期以来有重男轻女的观念。儿子往往是家族中的继承人，延续家族的香火，父母进入老年期后也常常需要儿子的赡养，因此儿子常获得父母的偏爱。最近一项基于山东省境内的二胎生育意愿的调查发现，不管是符合“单独二孩”政策的家庭，还是符合“全面二孩”政策的家庭，第一个子女的性别都会对这两类家庭生育第二个孩子的意愿产生影响(张晓青，黄彩虹，张强，等，2016)。可见，在当代社会，子女的性别仍然是一个重要的影响生育意愿的因素。

在一个普通家庭中，女儿往往要承担更多的照顾家庭的责任，尤其是当第一个孩子是女孩时，她常常要照顾自己年幼的弟弟或妹妹。尽管在中国文化影响下的社会中有关同胞的实证研究很少，但是已有的有限研究值得借鉴。例如，基于台湾地区的研究发现，女性同胞往往承担起照顾患病同胞的责任（Kuo & Geraci, 2011）。又如，著名华裔人口学家谢宇及两位台湾的研究者朱敬一和于若蓉进行的一项基于台湾地区的大数据分析发现，家中的姐姐往往会牺牲自己的教育机会，并把自己的收入用于家庭的开支，在她们有年幼同胞的情况下尤为如此（Chu, Xie, & Yu, 2007）。诸多类似的华人社会的研究都证实了重男轻女现象的存在（Post & Pong, 1998; Yu & Su, 2006）。国外的研究也是如此，例如，基于墨西哥裔美国青少年的研究发现，女孩子受到传统家庭观念的影响越大，她们进一步求学的愿望就会越低（East & Hamill, 2013）；类似的情况也在其他研究中得到证明（Conley, 2000）。又如，性别问题连带影响亲子关系，第一个孩子如果是女孩，她与母亲的关系随着弟弟的出生发生显著的变化（Stewart, 1990）。这些可能在重男轻女的中国社会表现得尤其突出。

除了性别所蕴含的文化价值观念，尤其是父母的性别观念所带来的影响之外，儿童自身的性别也会产生一定影响。首先，家中第一个孩子的性别本身也是重要的因素，影响他们在第二个孩子出生后的适应状况。过去的研究发现，第二个孩子出生后，如果第一个孩子是女孩，她会变得更依赖（Gottlieb & Mendelson, 1990; Kendrick & Dunn, 1980），而如果第一个孩子是男孩，他会变得更行为退缩

(Dunn, Kendrick, & MacNamee, 1981; Gottlieb & Mendelson, 1990)。女孩在同胞没有出生前的母亲怀孕期内就比男孩表现出更强烈的痛苦(Gottlieb & Mendelson, 1995)。但是,我们也要看到,比起男孩,女孩更会与自己的好朋友一起玩与弟弟或妹妹将要出生相关的游戏,其主题往往围绕新出生的婴儿和家庭(Kramer & Schaefer-Hernan, 1994)。另外,有研究者分析了孩子的行为类型,发现男孩会花大量的时间独自坐着或者躺着,无所事事,而且不大容易跟他们说上话;女孩则晚上不太愿意去睡觉,很少和其他同伴玩耍,不愿意谈论或者听到关于新生宝宝的事情(Nadelman & Begun, 1982)。不过,目前的证据并不能明确说明到底是男孩还是女孩在应对第二个孩子出生时会出现更多的问题。

其次,第二个孩子的性别也会影响第一个孩子的适应状态。总的来说,同性别的同胞之间的关系相对更融洽,他们一起游戏和交流的时间也较多(Dunn, 1983; Furman & Buhrmester, 1985; Kim, McHale, Osgood et al., 2006),在二孩家庭过渡阶段也是如此。例如,有研究发现,第一个孩子更易接纳与自己同性别的新生儿,对异性的新生儿作出消极的反应,或者因异性新生儿的出生而与母亲的关系变差(Moore, 1969)。这种积极的同性别同胞关系也有助于未来儿童发展各种能力(Kennedy, Lagattuta, & Sayfan, 2015)。但是,也有研究得到相反的结果。例如,同性别的同胞在新生儿出生之后的一年里,表现出更多的攻击行为(Stewart, Mobley, van Tuyl et al., 1987),同性别同胞间的依恋不如异性别同胞间的依恋强烈(Stewart, 1983),这种不良的同性别同胞关系在男孩身上表现得尤为突出(Legg, Sherick, & Wadland, 1974; Stewart, 1990)。也有研究发现,性别组合并不会影响第一个孩子指向新出生同胞的适应问题(Oh, Volling, & Gonzalez, 2015; Recchia, Rajput, & Peccia, 2015)。

在异性同胞组合中,有研究发现,男孩在其妹妹出生时出现更多的问题(Legg, Sherick, & Wadland, 1974)。但是,也有研究发现了相反的结果。例如,比起其他性别组合,在哥哥与妹妹的同胞组合中,哥哥的攻击行为在一年的过渡阶段下降得最多(Stewart, Mobley, van Tuyl et al., 1987)。又如,等到妹妹长到1—2岁时,作为哥哥的年长同胞与妹妹似乎建立了良好的依恋关系,尤其是父母不在身边时,哥哥常会主动照顾妹妹;这种现象在姐姐与弟弟的同胞组合中也同样出现(Stewart, 1983)。我们刚才提到同性别同胞起初关系似乎更融洽,但是之后发生了变化,尤其是在逐渐成长的过程中,他们之间的竞争逐渐激烈(Legg, Sherick, & Wadland, 1974)。在进入学校后,因学业成绩而产生的比较应该会非常激烈,而同性别同胞间似乎更易引发社会比较(参见之后对非过渡期阶段同胞关系问题的详述)。

再次,同胞的性别会影响儿童的性别认同或者人格发展。有研究者发现,儿童会对自己新生同胞的性别产生好奇,尤其是生理上(性器官)的差别会对进入弗洛伊德所说的生殖器期阶段的儿童的心理造成影响(Legg, Sherick, & Wadland, 1974)。这方面的研究目前仍然很有限,值得未来进一步探讨。

最后,值得注意的是,性别组合与同胞关系除了在第二个孩子出生之后起作用外，对过渡期之后的童年期和青少年期也会有长远影响。例如，研究发现，在各种性别组合的同胞关系中，姐妹配对的同胞组合最具积极性，兄弟配对的同胞组合则往往冲突更多、更不和谐(Aguilar, O'Brien, August et al., 2001; Buhrmester & Furman, 1990; Buist, 2010; Buist & Vermande, 2014; Dunn, Slomkowski, & Beardsall, 1994)。第一个孩子是姐姐的同胞配对，比起第一个孩子是哥哥的同胞配对，其同胞关系更加和谐，更少发生冲突(Buist & Vermande, 2014)。这可能是因为，如前文所述，姐姐往往被要求去照顾弟弟或妹妹，或者要承担起责任以及成为保护者，而哥哥更期望在同胞关系中具有主导性。因此，家中有哥哥的同胞更具风险，他们更容易受到哥哥的欺凌，从而导致在和同伴相处时也受到同样的欺凌(Menesini, Camodeca, & Nocentini, 2010)。不少研究发现，性别组合还是同胞关系质量影响同胞个体发展的调节因素(Samek & Rueter, 2011; Slomkowski, Rende, Conger et al., 2001)。例如，有一项研究发现，对于兄弟配对的同胞，同胞关系越亲密，越有可能导致同胞间反社会行为具有高度相似性；但是，对于姐妹配对的同胞，只有同胞关系越不亲密，才越有可能出现同胞间反社会行为的高度相似性(Slomkowski, Rende, Conger et al., 2001)。

关于性别组合与同胞关系这一问题，研究结果比较复杂、混乱，这主要是由调查的年龄段、样本文化与种族差异、研究设计等因素导致的。例如，一项针对 7—19 岁、横跨儿童期和青少年期的追踪研究发现，同性别和异性别组合的同胞亲密性关系的发展模式存在差异。同性别组合的同胞的亲密性随着年龄的增长逐渐增长，但是到了高中阶段(即青少年期)有微弱的下降趋势,尤其是男同胞组合,其亲密性水平下降最大;混合性别组合的同胞的亲密性随着年龄的增长呈现U型发展模式,即在10—12岁时处于低谷,但是从13岁开始平稳上升(Kim, McHale, Osgood et al., 2006)。从毕生发展观的角度,对同胞关系的发展的研究应该延伸到成年期,而成年期不同发展任务(例如,各自成家立业等)又会影响同胞关系(White, 2001)。但总体来说,女性组合的同胞关系以及有姐姐或者妹妹的同胞关系相对更亲密,来往会更频繁(Spitze & Trent, 2006)。

## 第三节 家庭经济状况

经济状况对家庭的影响是不言而喻的,经济状况不佳会对家庭功能造成严重的负面影响(例如,夫妻冲突、家庭暴力、子女虐待等一系列消极后果)。因此,家庭经济状况应该是一个重要的因素,它甚至决定父母是否继续生育孩子。家庭经济状况之所以这么重要,是因为从孕育一个孩子到将其抚养至成年需要的经济投入非常大。已有的研究发现,家中孩子越多,越不利于孩子各方面的身心成长和发展。例如,同胞数量越多,其智力水平会越低,学习成绩会越差,行为问题等也出现得越多(Downey, 2001; Lawson & Mace, 2009, 2010; Steelman, Powell, Werum et al., 2002; Zajonc & Markus, 1975)。有同胞的儿童往往会出现社会情绪和认知能力(例如,自我价值能力、语言能力)的下降并且缺乏能促进学习的环境,而这种下降或者缺失在低收入家庭中表现得尤其明显(Baydar, Greek, &

Brooks-Gunn，1997）。这些研究说明，新增加的孩子会给原本家庭收入不高或者经济状况不好的家庭中的其他儿童带来更大的压力，从而使他们出现不良的心理发展。

家庭经济状况直接影响养育资源分配。例如，当家中有两个孩子时，就会自然而然地带来卧室安排问题。到底是两个孩子各自都有房间，还是两个孩子共享一个房间？这对父母来说是一个需要提前考虑的问题。过去的研究发现，当父母安排两个孩子共处一室时，同胞之间会发生激烈的对抗。此外，有些年幼的儿童因为要与同胞分享自己的房间而在晚上出现尿床等现象（Legg，Sherick，& Wadland，1974）。这可能都是因为自己的睡眠被对方干扰所引发的，所以最佳的办法是能安排两个独立的房间给两个孩子，但是能否有两个独立的房间，对于住房困难的家庭，这将是一个大问题。

与家庭经济状况影响养育资源分配相关联的一个因素是出生顺序。在有限的家庭经济条件下，第一个孩子总是能获取最多的资源，因为在他出生的时候，没有其他的同胞与其竞争这些资源——至少他会独自垄断资源直至第二个孩子出生（Downey，2001）。在大多数情况下，一旦第二个及更多的孩子出生，父母就要将有限的资源分配给不同的子女，因此，后出生的孩子往往面临更不利的条件（Lawson & Mace，2009；Price，2008）。

家庭经济状况会通过影响父母对子女的养育行为来间接影响儿童及青少年的心理发展（Brody & Murry，2001；Williams，Conger，& Blozis，2007）。例如，研究发现，家庭社会经济地位越低，父母的情绪越容易出现问题，从而影响他们的养育行为，进而导致孩子出现心理适应问题(Conger, Conger, Elder et al., 1992)。当然,即使在家庭收入极其有限的情况下,父母也会倾向于生育孩子,但是在分配资源时,他们会有偏爱。也就是说,他们会将有限的资源投入到某些子女身上,而忽视其他的子女(Pitt, Rosenzweig, & Hassan, 1990)。经济压力大的父母容易对不同的孩子区别对待,让孩子有不公平感(Crouter, McHale, & Tucker, 1999; Jenkins, Rasbash, & O'Connor, 2003)。又如,在家庭社会经济地位低的条件下,母亲对婚姻越不满意,越容易导致父母用有差别的、不公平的养育模式对待不同的孩子(Jenkins, Rasbash, & O'Connor, 2003)。所以,家庭经济状况通过有差别的父母养育方式间接影响不同子女的身心发展(关于父母的差别养育方式的影响可以参见第六章第一节的内容)。

家庭经济状况似乎也直接影响同胞之间的关系。家庭经济地位越高的同胞,他们之间的同胞关系的质量(例如,温暖、亲密度和对同胞作出更多的积极行为)也越高(Dunn, Slomkowski, & Beardsall, 1994)。尽管有些时候家庭经济地位不会直接影响同胞关系,但是每个家庭各自所能承受或者正在经历的经济压力会影响同胞关系。例如,研究发现,当青少年感知到家庭处于经济困难时期时,容易导致同胞关系质量下降(Tippett & Wolke, 2015)。家庭经济状况不好也未必都是害处,经济处境不佳会给家庭成员带来压力,但是也会让家庭成员联系得更紧密,凝聚在一起。同样,这也会让同胞之间用相互支持的方式应对家庭经济困难带来的问题。正所谓"穷人的孩子早当家",生长在经济状况不佳的家庭中的儿童,尤其是较年长的儿童,往往会承担起照料者或者养育者的角色和责任(Fuligni, Yip, &

Tseng，2002）。但是，这种情况也许要等到儿童的认知和社会情绪等方面的能力较成熟之后才可能出现（McHale，Whiteman，Kim et al.，2007）。

最后，值得注意的是，诸多二孩家庭或者多子女家庭的研究还发现，不良的家庭经济状况会联合其他不利因素加剧某些问题的发生。例如，研究发现，因气质影响表现出消极情感状态的儿童往往在社会经济地位低的家庭中承受更多的父母负面的教养方式，而那些生活在社会经济地位高的家庭中的此类儿童，不会明显表现出这种关系模式（Jenkins，Rasbash，& O'Connor，2003）。也就是说，在社会经济地位高的家庭中，父母的压力相对较小，即使家中有孩子因气质特点出现问题，他们也不会用消极的方式处置，而是会更积极地考虑这类孩子出现问题的原因。

## 第四节　父母的生育计划

父母的生育计划指夫妻双方在他们的可生育年龄对是否以及什么时候生育孩子、生育多少孩子的计划和决定。意外怀孕属于父母生育计划之外的事件，它分为两种情况：一种情况是父母本来不想要孩子，但意外怀上了；另一种情况是父母想要孩子并计划在某个特定时间怀孕，但是意外在非预期的时间怀孕，也即母亲提早怀孕（Henshaw，1998）。前者往往发生在那些快要不能生育的女性身上，而后者往往发生在相对年轻的女性身上。

意外怀孕并非少数现象。根据一项基于美国人口的分析，在

15—44岁的女性中,大概有14%的婴儿的出生是意外怀孕所致(Chandra, Martinez, Mosher et al., 2005),甚至有些研究统计推断的数据更高,认为近50%的怀孕都是非计划中的(Suh, Ma, Dunaway et al., 2016)。也就是说,这么多新生儿的出生并非父母计划中的——要么是提前怀孕了,要么是根本就不想怀孕。婴儿的出生不在父母的生育计划内的后果就是,因为没有准备好,意外怀孕给父母带来巨大的心理压力和经济压力,例如,意外生育导致产后抑郁、焦虑以及教养方面的压力(Bahk, Yun, Kim et al., 2015; East, Chien, & Barber, 2012; Miller, Sable, & Beckmeyer, 2009; Suh, Ma, Dunaway et al., 2016)。

意外怀孕除了对父母尤其是母亲造成巨大影响外,也对儿童造成影响,涉及诸多问题:父母的生育计划是否会影响之后的养育行为?比起计划怀孕所生的孩子,那些意外怀孕所生的孩子接受的父母养育模式是否存在差别?进一步的问题是,他们在发展过程中是否也出现了心理和生理成长轨迹上的差别?

父母的生育计划最可能影响的就是父母对子女物质和心理上的投入。如果新生儿是按照父母的生育计划出生的,因为有所准备,在物质和心理上的投入不会出现太多的束手无策的境况。我们后面的章节还会提到,即使是在计划中的生育,也会出现对不同子女物质和心理投入上的各种差异(参见第六章内容),更何况有些新生儿是未按照父母的生育计划,意外怀孕而出生的。因为没有作好完备的物质准备和心理准备,导致父母在重新分配投入时,不能将有限的物质资源、心理资源合理分配到这个意外出生的宝宝身上,就很有可能出现不合理分配问题。例如，研究发现，因意外怀孕而出生的孩子获得的家庭资源比计划中怀孕而出生的孩子获得的家庭资源要少很多(Barber & East, 2009)；在养育子女方面，父母会更偏爱那些在计划中出生的子女，在某种程度上对意外怀孕而出生的子女降低投入(Joyce, Kaestner, & Korenman, 2000)，这种情况在拥有严苛的养育模式的家庭中表现得最明显(East, Chien, & Barber, 2012; Miller, Sable, & Beckmeyer, 2009)。

这种养育上的差别主要来自情感方面的支持。这也是容易理解的，因为是意外怀孕得到的孩子，父母心理上的压力导致他们在处理与孩子的关系时更趋于消极，久而久之，亲子关系也会变得更负面、缺乏温暖。由于意外怀孕而导致的父母的消极养育方式似乎会给孩子带来长期的严重后果。一项进行了 23 年的跟踪研究发现，意外怀孕出生的孩子成年之后会表现出明显的低自尊(Axinn, Barber, & Thornton, 1998)。

巴伯等研究者(Barber & East, 2009)将意外生育导致家庭内部所有儿童都受到影响的现象称为“溢出(spill over)效应”。家庭中出现新的孩子，会导致父母对子女的平均投入下降，而这种投入下降在出现意外生育时会加剧，这就会影响家庭中的其他孩子，这种现象就是溢出效应。例如，基于美国国家青少年跟踪调查的数据发现，意外怀孕出生的同胞的确导致家庭资源平均水平下降。尤其是那些提早出生的同胞，他的出现会显著地减弱家庭中其他同胞获得的父母的情感支持(Barber & East, 2009)。这似乎说明了生育时间上的“误差”对父母造成的影响是，因为没有充足的时间准备而导致压力的突然增加,进而带来维系情感资源上的困难,最终影响与其他子女的互动。在有些情况下,怀孕的时间提早影响父母心理资源的强度似乎等价于是否拥有自己的房子等物质资源因素,以及父母教育水平、是否家庭完整等社会资源因素的影响(Barber & East, 2009)。当然,也不排除对于那些本不想怀孕的父母,他们会直接对不想要的那个孩子(即所谓的"多余的"孩子)给予消极的情感投入(例如,缺乏耐心、温暖与关怀等),但这不会明显地影响父母对其他孩子的情感投入。

最后,值得指出的是,生育计划中考虑的是否生育第二个孩子以及生育第二个孩子的年龄间隔往往与母亲获得的社会支持分不开。一项来自美国家庭的研究发现,除了第一个孩子是否是一个容易养育的孩子这一因素之外,母亲感知到的父亲在养育过程中的参与度是家庭决定何时生育第二个孩子的重要考虑因素(Szabó, 2012)。父亲对母亲养育的支持程度越高,生育两个孩子的时间间隔就越短。类似的研究结果在其他一些地区也得到支持。例如,在一些发达国家,如韩国,来自父亲的对儿童养育以及家务活方面的支持,会增加母亲(尤其是对有工作的母亲来说)生育第二个孩子的意愿;尽管在韩国,其他家庭成员对儿童养育的投入比较少,但是他们的帮助也会给有工作的母亲提供重要的社会资源,会增加她们生育第二个孩子的意愿(Park, Cho, & Choi, 2010);又如,在荷兰,祖父母的照料会增加父母生育多个孩子的意愿(Kaptijn, Thomese, Tilburg et al., 2010)。在一些农村落后地区,祖父母的帮助会增加妻子的生育率(Sear, Mace, & McGregor, 2003)。这些研究都说明,决定父母的生育计划或者生育意愿的因素与近亲的养育投入和帮助(尤其是父亲的支持)是分不开的。

当然,如之前美国的那项研究提到的,父母感知到的第一个孩子的特点(如养育的困难程度、性别等)是影响父母继续生育孩子的重要因素之一(Szabó, 2012)。似乎受到传统儒家文化的影响,东亚国家,如我国与韩国,都存在重男轻女的现象,因此,在生育意愿上,子女性别往往是考虑是否继续生育的因素。通常情况下,在东亚国家,第一胎或者前几胎是女儿的话,父母继续生育的可能性就较大。例如,我国的多项调查数据分析都发现诸多省份出现这一现象(Poston, Gu, Liu et al., 1997; Xie, 1989)——即使在独生子女政策背景下,部分家庭仍然会因偏爱儿子的观念而在有子女(通常是女儿)的情况下继续生育,希望能有儿子出生(Arnold & Liu, 1986; Li & Cooney, 1993)。又如,20 世纪在韩国的一项研究发现,如果第一胎是女孩,韩国父母往往会继续生育,而且会缩短生育的间隔,即两个孩子的年龄差很小(Arnold, 1985)。但是在欧美等国,子女性别偏爱的情况似乎不存在或者正好相反(McDougall, Dewit, & Ebanks, 1999; Szabó, 2012; Teachman & Schollaert, 1989)。

除了子女的性别外,父母养育之前子女的困难程度也是影响他们作出继续生育决定的因素。如同第四章第一节"第一个孩子的心理准备"所分析的那样,先出生的儿童的气质特点往往会影响父母养育的困难程度。如果先出生的儿童是困难型,就会在适应环境方面出现诸多问题(行为、情绪等方面),从而迫使父母投入更多养育资源,因而会延长继续生育的间隔时间。如果先出生的儿童是易养型,就会让父母减少继续养育子女的压力,从而缩短生育时间间隔(Szabó, 2012)。

## 第五节 有身心障碍的儿童

尽管大多数儿童的身心发展是正常的,但是也会有一些儿童不幸患有身心障碍或者疾病。例如,有些儿童患有自闭症、唐氏综合征等发展性障碍,还有些儿童患有某些疾病,对家庭来说这无疑是一种压力生活事件(Conger, Stocker, & McGuire, 2009)。有身心障碍的儿童除了给父母带来影响外,也会对健康孩子的适应产生影响。尤其是后出生的同胞,由于他们不能很好地理解比自己年长的同胞出现的身心健康问题,就可能为了获得父母的关注而与年长的、有健康问题的同胞竞争。这些后出生的同胞有可能从小就生长在压力重重的家庭环境中,这不利于他们发展促进社会胜任的社会情感和认知能力(Dyson, Edgar, & Crnic, 1989)。

从社会化的角度来说(更详细的内容可以参见第五章中"同胞关系与同胞心理发展"部分的讨论),正常的同胞社会化的作用(例如,互惠的互动、模仿)在某个同胞有身心障碍的家庭中可能很难发挥。例如,自闭症儿童无法与同胞进行正常的交谈,无法进行互惠的交往,这会对后出生的同胞产生一定的负面影响,他们可能会表现出尴尬、困惑、感到被忽视、受到父母的差别对待等(Gray, 1998; Macks & Reeve, 2006)。相比没有发展障碍同胞的儿童,他们可能会经历更多的孤独以及稀少的社会互动(Petalas, Hastings, Nash et al.,

2009)。最近的一项调查研究似乎证实了以上观点。该研究想要分析如果发展正常的儿童有一位患有自闭症的同胞,是否会影响他们自身的心理发展。结果发现,自闭症同胞的出生顺序是一个重要的影响因素,即在他们的研究中,如果患自闭症的儿童先出生,并且表现出高外在行为问题,那么后出生的健康同胞也会出现更多的外在行为问题(Tomeny, Barry, & Bader, 2014)。此外,需要注意的是,当有身心障碍的同胞先出生,对后出生的同胞来说,他们会在认知、社会情绪性能力发展等方面超越这些年长的同胞,此时,这些后出生的健康同胞就会起主导作用,他们可能以榜样的身份,反过来影响有身心障碍的同胞(Stoneman, 2001)。

从家庭资源稀释的角度来说,健康的同胞往往会因为有身心障碍或者患有疾病的同胞而处于心理发展的不利地位,表现出社会和心理方面的不适应(Blake, 1981)。其根本原因在于,有身心障碍或者患有疾病的同胞需要额外的或者特殊的照顾,这就会稀释健康同胞获得的照顾和关注等(Downey, 2001)。这会给健康的同胞带来一定的适应困难,如有些研究发现,同胞患有癌症会导致健康的同胞生活质量下降,学业表现变差(Houtzager, Grootenhuis, Hoekstra-Weebers et al., 2005; Prchal & Landolt, 2012)。又如,有研究发现,比起没有学习障碍儿童的家庭,在有学习障碍儿童的家庭中,其同胞会出现更多的内化和外化的行为问题(Lardieri, Blacher, & Swanson, 2000),其中内化的行为问题(例如,焦虑、抑郁)出现的次数更多(Sharpe & Rossiter, 2002)。还有一些类似的关于健康儿童不适应的研究证据,如后出生的儿童面对先出生的有身心障碍的同胞,更容易出现不适应(Petalas,

Hastings, Nash et al., 2009; Verté, Roeyers, & Buysse, 2003)。

但是，过去的一项元分析研究发现，同胞有身心障碍的负面效应可能被夸大了(Sharpe & Rossiter, 2002)。因为很多测量可能都基于父母的汇报，但父母会因子女患病而深感痛苦，在报告其他健康子女的各种心理状态时会夸大问题的严重性(Alderfer, Stanley, Conroy et al., 2015)。最新的研究发现，尽管家中有同胞患有癌症，但是与没有同胞患病的比较组相比，健康的同胞在社会行为、朋友数量、互惠友谊质量、同伴接纳等社会能力方面没有很大的差异(Alderfer, Stanley, Conroy et al., 2015)。另外，很重要的一点是，慢性疾病本身的特点各自不同。不是只要儿童患病就会给同胞带来负面影响，这取决于所患疾病的特点(例如，是否威胁生命、需要父母照顾的程度)。有时候儿童所患疾病的严重程度并不会影响同胞，但是若儿童所患疾病(例如，癌症)影响他们的日常生活功能，使他们需要密切的关注和照看，就会给健康的同胞带来较大的负面影响(Sharpe & Rossiter, 2002)。

实际上，家庭中存在有身心障碍的同胞对其他同胞共情能力的提高具有重要作用。例如，研究发现，那些其同胞患有唐氏综合征的儿童常具有较高的共情能力，表现出更多的照顾行为(Cuskelly & Gunn, 2003)。这是因为共情是通过每日的互动(包括与同胞的互动)过程习得和形成的，个体学会如何通过站在他人的角度思考并理解他人的需求来解决矛盾。尽管有身心疾病的同胞可能给健康同胞带来巨大的挑战，但是健康的同胞也因此更具有心理弹性。可见，实际上，那些身心发展正常的儿童可以通过与有身心障碍的同胞的互动，促进自身社会能力和优秀品质的产生（Dykens，2005）。尽管我们直觉上会觉得有身心障碍的儿童难以与同胞建立良好的关系，但实际研究发现，在大多数情况下，与家庭中所有孩子都身心健康的儿童拥有的同胞关系相比，有身心障碍的儿童与其健康同胞之间的关系更积极、更具亲社会性，也更具照顾人的特质，很少出现冲突（Stoneman，2001）。通常来说，有身心障碍的儿童与其健康同胞之间的互动的卷入程度并不低，当然这要考虑身心障碍的程度，如果因疾病导致儿童自身的互动能力很弱，同胞之间的互动水平就会很低（Byrne，Cunningham，& Sloper，1988；Dallas，Stevenson，& McGurk，1993）。

父母在照顾孩子时往往更偏爱有身心障碍或者患病的孩子，很多情况下，父母往往过度保护此类儿童。例如，有研究对患病儿童与健康儿童进行配对，分析父母的养育行为，结果发现，患病儿童更易被父母过度保护（Holmbeck，Johnson，Wills et al.，2002）。又如，有些儿童不幸患了癌症，这会给父母带来极大的痛苦，同时癌症治疗需要父母投入大量的时间和精力，导致父母很难足够地关心和照顾健康的儿童（Enskär，Carlsson，Golsäter et al.，1997；Patterson，Holm，& Gurney，2004）。这也是可以理解的，出于内疚和痛苦，父母会为有身心疾病的儿童提供最大程度的社会支持，这就导致健康同胞的需要不能完全满足（Levy-Wasser & Katz，2004）。父母的这种偏爱对健康儿童的影响目前得到的研究结果并不一致（Stoneman，2001）。在有些情况下，这种偏爱对健康同胞似乎是有利的。例如，有研究发现，父母过度关注和照顾有身心障碍的儿童时，其健康的同胞反而有更多的机会参加课外的活动,在学习上得到父母更多的鼓励,父母很少给予他们学业压力(Lardieri, Blacher, & Swanson, 2000)。另外,如果健康的儿童认为,父母将更多的关注和精力用于照顾自己有身心障碍的同胞是公平、正常的,这件事就很少产生负面效应(McHale & Gamble, 1989)。有研究发现,在有心理发展障碍儿童的家庭中,其父母与健康儿童建立的安全依恋关系的质量似乎并未受到影响,甚至成为一种催化剂,促进父母提供更敏感、温暖的养育环境,有助于儿童情感的发展(Levy-Wasser & Katz, 2004)。父母还会期望或者要求健康的儿童帮助有身心障碍的同胞,这些健康的儿童要比同龄人更多地承担起照料自己同胞的责任(McHale & Gamble, 1989; Stoneman, 2001),那些后出生的同胞也会承担起他们的同龄人可能不会承担的照顾比自己年长的同胞的责任(Stoneman, Brody, Davis et al., 1991)。

当然,如果父母能够提供足够多的养育资源或者投入,会进一步促进健康和非健康的同胞都更好地发展(Conger, Stocker, & McGuire, 2009; Petalas, Hastings, Nash et al., 2009)。父母以及家庭因素(例如,经济状况、父母的压力、有规律的家庭时间与日程、有效的家庭问题解决和沟通模式、父母婚姻状况等)比同胞自身的压力和应对方式更能预测健康的同胞是否出现适应问题(Giallo & Gavidia-Payne, 2006; Stoneman, 2001)。父母帮助健康的儿童积极地看待家庭中有身心障碍的同胞(例如,排除父母可能会更偏爱那些有身心障碍同胞的心理疑虑),可以强化健康儿童与有身心障碍同胞之间的积极关系,也会有助于健康儿童的心理适应(Petalas,

Hastings，Nash et al.，2009)。

对于有身心障碍的儿童，如果能获得身心健康同胞的支持、照料和保护，将对他们有非常重要的意义。同胞关系是最长久的社会关系，身心健康的同胞还会面临照料成年期甚至老年期的有身心障碍同胞的责任(Conger，Stocker，& McGuire，2009)。不过，需要长期、更系统性、更全面的研究，才能了解其长期效应。同时，健康的儿童可以为有身心障碍的同胞提供适宜的物理的、社会的相关环境，这有利于这些同胞发展社会、情感、认知等方面的技能。目前，有诸多干预研究着眼于通过正常同胞的协助来促进有身心障碍儿童的发展(Chu & Pan，2012；Tsao & Odom，2006)。例如，在健康同胞的协助下，有身心障碍的同胞提高了社会互动行为水平，增进了社会能力的发展。

有两个问题值得一提：家中已经有一个孩子患有身心疾病，随着第二个孩子的出生，家庭的应对过程是怎样的？家中第一个孩子是健康的，但是第二个孩子患有身心疾病，在此过渡阶段家庭的应对过程是怎样的？对于这两个问题，目前尚无系统的研究进行探讨，只有一项比较经典的两年期的追踪研究对患有唐氏综合征儿童的家庭和健康儿童的家庭进行比较(Gath，1978)。结果表明，如果新出生婴儿是健康的，那么母亲会逐渐减少对较年长同胞的照顾；如果新出生婴儿患有唐氏综合征，那么父母更可能不改变照顾健康年长同胞的投入程度。这些父母会报告，他们会如往常一样持续照顾健康的年长同胞，即使他们还要投入更多精力去照顾新出生的唐氏综合征婴儿。除了此研究之外，目前暂时没有患身心障碍同胞在家庭过渡期间对整个家庭影响的系统研究，值得感兴趣的研究者未来去探索。

# 第四章

# 正在孕育第二个孩子的家庭

## 第一节　第一个孩子的心理准备

在第二个孩子出生之前,帮助第一个孩子作好心理准备是非常必要的。原因在于,帮助第一个孩子作好心理准备可以增强他在新增孩子出生之后的适应,避免出现指向新增孩子的消极反应。这种心理准备工作既包括父母如何告知第一个孩子他马上要有弟弟或妹妹了,也包括考虑第一个孩子自身的心理特点,提前帮助他作好心理准备。

### 一、父母告知第一个孩子

莱格等人(Legg, Sherick, & Wadland, 1974)在较早期就开始研究父母如何告知孩子母亲已经怀孕。在他们的研究中,大多数母亲会在自己怀孕4—6个月之后告诉孩子,因为此时肚子凸起已经很明显了。有研究者曾在母亲已怀二胎但孩子尚未出生的阶段对第一个孩子进行访谈,询问他们即将成为大哥哥或者大姐姐的感受。在受访的儿童中,有超过80%的孩子都对自己即将有弟弟或妹妹表现出积极的态度，只有11%的孩子表达了消极的感受（Stewart, Mobley, van Tuyl et al., 1987）。而这一成为哥哥或者姐姐的积极态度在第二个孩子出生之后也保持得非常稳定。有意思的是，在第二个孩子出生12个月之后，研究者询问第一个孩子是否还想要一个弟弟或者妹妹，有超过60%的孩子非常坚定地说想要，但仅有不到30%的父母说还想要第三个孩子（Stewart, Mobley, van Tuyl et al., 1987）。

当然，父母应该提前告知第一个孩子，弟弟或妹妹出生之后家庭生活中可能出现的新情况。首先就是弟弟或妹妹本身带来的一些第一个孩子未曾经历的事情，需要提前让第一个孩子有心理上的准备。已有的研究发现，当研究者询问第一个孩子，弟弟或妹妹出生之后，什么让他们不喜欢时，绝大多数儿童的回答都是婴儿的哭声。作出这类回答的儿童的比例在弟弟或妹妹出生的最初阶段达到了74%，但一年之后下降为不到30%（Stewart, Mobley, van Tuyl et al., 1987）。尽管研究者并未说明在这一过程中父母做了什么，导致对弟弟或妹妹哭声的讨厌水平开始下降，但是，如果父母在弟弟或妹妹出生之前就给第一个孩子打了“预防针”，可能最初阶段这一比例不会那么高。例如，父母告知第一个孩子，因为弟弟或妹妹是个婴儿，还不会说话，所以他们只能靠哭来跟人沟通，以此方式让第一个孩子接受弟弟或妹妹的哭声，并产生同情之心。此外，父母还应根据弟弟或妹妹逐渐长大而相应出现的某些干扰第一个孩子的行为，向第一个孩子提前说明，包括随着弟弟或妹妹的四肢活动能力发展成熟，他们可能会抓、踢或扔原本属于第一个孩子的物品。也就是说，弟弟或妹妹成了第一个孩子原本拥有的一人世界的“入侵者”。

此外,通常情况下,若父母没有告知儿童母亲已怀孕,主要是因为他还小。例如,第一个孩子只有 18 个月大甚至更小,他尚不能理解母亲怀孕这件事(Legg, Sherick, & Wadland, 1974)。即使告诉了他,由于语言能力的限制,也无法让他真正理解。另外,父母往往会告诉孩子,小宝宝现在在妈妈的肚子里,对于不同年龄段的儿童,他们对此的理解也是不一样的。研究者发现,有些年幼的儿童会生气母亲为何把小宝宝吞进她的肚子里,而有些儿童并无此反应,这正好为父母提供了恰当的机会,让他们接受性教育。所以,根据儿童的不同年龄以及他们相应的认知能力来介绍母亲怀孕这件事,是让孩子接受这一事实的关键。

通常情况下,最好找一个恰当的时机,能够详细诉说母亲怀孕,已有小宝宝的事情,并予以充分的解释(Legg, Sherick, & Wadland, 1974)。例如,以邻居或者儿童知道的其他家庭的小婴儿为参照或例子,帮助儿童了解他们将有一个新的弟弟或者妹妹。往往这样的介绍是一种有用的方式,因为它能促进儿童的理解。当然,研究者也指出,这样的方式可能也会带来消极的影响。特别是当学龄前儿童迎接自己的新同胞时,他们自身的认知能力发展不够成熟,他们会想让自己的弟弟或妹妹也像隔壁邻居的小婴儿那样漂亮、欢乐;若他们看到自己的弟弟或妹妹出生之后总是哭闹,长得也不漂亮,或许就会失望。所以,父母应该多给儿童介绍几个周围的小婴儿,避免集中在某个婴儿身上。父母也可以陪伴第一个孩子一起做想象游戏:一是通过游戏让他们想象母亲怀孕或者生育了弟弟或妹妹的场景,帮助他们克服可能因母亲怀孕而带来的压力,这种游戏也可以将书本或画册作为辅助工具,用来介绍母亲怀孕这件事;二是想象那些能够与第一个孩子成为哥哥或姐姐的主题相关的游戏,通过扮演或者想象新生宝宝、同胞的角色,让第一个孩子理解过渡期内的变化,并且能够很好地应对压力。此外,如果有可能——儿童的同伴或者好朋友或许有自己的弟弟或妹妹,可以通过同伴的社会支持帮助儿童理解如何对待自己的弟弟或妹妹,这是同伴社会化的一种很好的作用机制(Legg, Sherick, & Wadland, 1974)。

邓恩等人(Dunn & Kendrick, 1982)提出,在第二个孩子出生之前跟第一个孩子谈论即将出生的新生儿时,父母在描述这个新生命的时候最好将其看作一个"人",强调新生婴儿虽然小、不成熟,但是他们也有独特的需要、感情和欲望。如果父母通过这种交流方式引导第一个孩子合理看待弟弟或妹妹,那么在其出生之后,同胞之间的互动就会非常积极,并且促使第一个孩子形成在同胞关系层面的积极的自我,即自己与同胞既有关联又是各自独立的个体(Dunn, 1983)。另外,为第一个孩子作好心理上的准备要区分认知方面的准备与情感方面的准备,这两者似乎是有差异的。认知上的准备包括对第二个孩子出生之后的模样、身体状态、心理状态的认知。但是,在情感上,父母应该重视帮助两个孩子建立情感的联结。这也应该是邓恩等人所述将第二个孩子看作人时,第一个孩子需要作好的认知和情感准备的基础。

当然,告诉幼小的儿童他们将迎来新的同胞这件事会给他们带来某些压力,使他们感到痛苦,有时候这是无法避免的。较早地告知儿童母亲怀孕的事情可以让他提前有心理准备。即使在第二个孩子出生之前,第一个孩子出现这样的心理压力和痛苦,如果父母在此阶段能提供较高水平的抚育和照顾,那么在第二个孩子出生之后,这种痛苦会有所缓解(Gottlieb & Mendelson, 1990)。

## 二、第一个孩子的个人特点与心理应对

第一个孩子能否适应第二个孩子的诞生与其自身的心理特点有很大的关联,其中之一就是第一个孩子的气质。气质指在行为和情绪反应及调节等方面具有生物基础的个体差异特征(Rothbart & Bates, 1998)。比起容易型气质的儿童,困难型气质的儿童往往会表现出消极的情绪、缺乏适应性、情绪管理能力差等特点(Chess & Thomas, 1989),而这会影响他们应对弟弟或妹妹出生的方式,他们往往表现出适应和应对困难,出现各种消极的心理变化。研究发现,困难型气质的儿童会在过渡阶段表现出更多的社会退缩、睡眠紊乱等行为和生理问题(Dunn, Kendrick, & MacNamee, 1981);表现出更多的黏人、退缩行为、外化问题,并且与弟弟或妹妹建立更消极的关系以及出现嫉妒行为(Brody, 1998; Kendrick & Dunn, 1982; Kolak & Volling, 2013);如果母亲偏向于照顾新生婴儿,他们会表现出强烈的嫉妒行为和情绪(Hart & Behrens, 2013a)。这些结果都说明,在应对第二个孩子的出生时,困难型气质的儿童容易出现心理和行为问题。相反,如果第一个孩子是容易型气质,他们就会显得更积极和更适应。例如,他们会对新生儿表现出更浓厚的兴趣(Dunn, Kendrick, & MacNamee, 1981);在母亲照顾婴儿时不会产

生强烈的痛苦情绪(Hart & Behrens, 2013a)。而且,对于气质特点不同的两个同胞,若某个同胞(尤其指第一个孩子)具有积极气质特点,就能起到缓冲的作用,可以保护那个困难型气质的同胞,避免出现不良的发展后果。然而,若第一个孩子的气质是困难型,那么由于其在同胞互动中所具有的明显的主导性,其不良的气质会影响第二个孩子的发展,即使第二个孩子的气质具有积极特点也会被压制住,导致两个孩子建立消极同胞关系(Stoneman & Brody, 1993)。即使两个孩子都长大了,情况也不会改变(Brody, Stoneman, & McCoy, 1994; Stocker, Dunn, & Plomin, 1989)。总而言之,上述一系列研究说明,困难型气质不利于发展自我调节能力和亲社会能力,从而影响建立良好的同胞关系。当然,在双向的同胞关系中,还要考虑同胞自身特点的作用机制。

但是,并不是所有具有消极气质特点的儿童都会在建立同胞关系上出现困难,儿童个人的气质特点与家庭环境会相互作用,共同影响同胞关系的建立和维持(Brody, 1998)。上述儿童气质与其发展结果还可以用差别易感性假说(differential susceptibility hypothesis)来解释。该假说认为,儿童的某些气质特点更易受到环境变化的影响(Belsky & Pluess, 2009; Ellis, Boyce, Belsky et al., 2011),尤其是面对一些不良的环境时,会更容易表现出不利的发展结果。这就是说,当二孩家庭本身的功能是紊乱的(例如,父母婚姻质量差、家庭环境混乱、婆媳关系不好等),那么生活在这样的环境中,困难型气质的儿童就容易与后出生的同胞建立消极、敌意的同胞关系。相反,如果二孩家庭本身的功能是有组织性、有条理的,那么即使身为困难型气质的儿童，生活在这样良好的家庭环境中也不太容易与后出生的同胞建立消极、敌意的同胞关系。有实证研究验证了这一假设。亲子关系是家庭功能好坏的重要指标之一，积极、良好的亲子关系具有保护作用，会保护困难型气质的儿童，降低建立冲突性同胞关系的可能性(Brody, Stoneman, & Gauger, 1996)。具体来说，尽管困难型气质的年长同胞不太容易与其年幼的同胞建立积极、高质量的同胞关系，但是如果父亲和母亲与孩子的亲子关系很好，他们与年幼同胞的关系也会很好。这一结果说明，当困难型气质的儿童与其父母建立和共同经历了积极的亲子关系，这类儿童就会预期他们与他人的关系也是积极的、支持性的，从而在建立同胞关系时主动展现亲社会的一面，促进同胞关系的和谐发展。

此外，家庭中两个孩子的气质类型的异同会造成父母养育方面的差异。例如，有研究发现，当父母认为年龄较小的同胞比起年龄较长的同胞在气质上表现出更多的消极情绪特点，他们会在养育方面出现差别对待，表现为更偏爱年龄较小的同胞。但是，当父母认为年龄较长的同胞比起年龄较小的同胞在气质上表现出更多的消极情绪特点，或者两者气质相似，父母在养育方面较少出现差别对待(Brody, Stoneman, & McCoy, 1992)。他们的后续研究进一步发现，如果年龄较小的同胞属于困难型气质，则母亲与年龄较长的同胞之间的关系不大会是消极的；但是如果年龄较长的同胞属于困难型气质，反而使父亲与年龄较长的同胞之间不大容易建立积极的亲子关系(Brody, Stoneman, & McCoy, 1994)。研究者并未进一步解释为什么父亲和母亲面对困难型气质的年长孩子作出不同的应对方式和建立不同的亲子关系，但结合上述研究结果，我们可以推断，对于第一个孩子和第二个孩子，他们的不同气质会引发父母不同的对待方式。

另外，沃林(Volling, 2012)指出，除了气质，诸如第一个孩子的社会理解能力等尚未得到足够的关注，但此类研究是非常必要的。父母有能力通过建立、维系和修复亲子关系来理解自己孩子的观点，满足他们的需要和愿望，并且管理冲突。但是，作为尚未成熟的孩子，他们不可能像父母那样成熟地理解自己新出生同胞的很多行为。例如，第一个孩子出于自己的需要或者兴趣，在某些同胞互动中，不会也不能迎合第二个孩子的兴趣、需要和愿望。要想建立成功的同胞关系，就必须考虑第一个孩子的社会理解能力。已有的文献指出，儿童的社会理解能力往往与他们的亲社会行为、积极的同伴关系和社会能力存在正相关，而与反社会行为存在负相关(Hughes & Leekam, 2004; Slaughter, Dennis, & Pritchard, 2002)。根据社会理解能力的研究文献，可以推论，如果第一个孩子具有较高的社会理解能力或者心理理论，他就能站在父母的角度理解新生儿刚出生时更需要父母的关心，就不会产生嫉妒、伤心等消极情绪反应。多数处在学前期、儿童期的儿童的社会认知能力已经有了长足的进步，因此，他们不仅能调节自己的情绪，而且能理解他人的情感并帮助他人(Hoffman, 2000; Zahn-Waxler, Radke-Yarrow, Wagner et al., 1992)。2 岁的幼儿甚至已经具有独特的社会理解能力去嘲弄、引逗自己的同胞了(Dunn, 1988)。

作为社会理解能力的重要表现形式，观点采择能力或者心理理论也会有助于第一个孩子对弟弟或妹妹的照料。例如，一项基于陌生人情境的研究发现,创设条件让母亲离开10秒钟,观点采择能力强的儿童就会去照顾弟弟或妹妹(Stewart & Marvin, 1984)。因为母亲的离开会引发弟弟或妹妹很强的焦虑和痛苦,而观点采择能力强的儿童能够理解婴儿痛苦的原因,并且能制定计划去帮助婴儿,缓解他们的痛苦。后来的研究也对该问题进行了更深入的分析。例如,加纳等人(Garner, Jones, & Palmer, 1994)将观点采择能力划分为情感和认知两个方面,他们发现,就观点采择能力对同胞照料行为的影响来看,其情感方面的作用比认知方面的作用更强大。具体地说,只有情感方面的观点(角色)采择能力才会有助于年长的学龄前同胞照看因母亲离开而痛苦的年幼同胞,他们会使用身体方面的安慰行为(例如,拥抱、亲吻等)和言语方面的安慰行为(例如,"妈妈马上就会回来的"),或者转移年幼同胞的注意力(例如,给年幼同胞玩玩具等)。这说明,第一个孩子只有在情感上能够理解自己年幼同胞的痛苦,了解他们的情感需求之后,才会设身处地地帮助他们。后来的一些干预项目研究也的确发现,情绪调节能力的提升会有助于亲社会同胞行为的形成(Kennedy & Kramer, 2008)。

值得注意的是,社会理解能力低的儿童往往在上述与母亲分离的场合中表现出害怕和担心(Stewart & Marvin, 1984)。不难理解,对于那些社会理解能力低的儿童,他们自己的情绪痛苦都没有很好地解决,也就谈不上去帮助父母照顾幼小的婴儿了。同样,社会理解能力低的儿童容易与同胞发生冲突(Cutting & Dunn, 2006)。在同胞关系中总是会出现不一致或者发生矛盾,而具有较高的社会理解能力足以使儿童在冲突中作出让步和妥协,即使在同胞关系不是很积极的情况下也会如此，这实际上会缓解同胞关系的紧张状态，使同胞关系由消极状态转向积极状态(Recchia & Howe, 2009)。

与观点采择能力相近的能力就是心理理论。儿童的心理理论水平与同胞关系和他们的问题行为直接相关(Dunn, Brown, Slomkowski et al., 1991; Hughes & Ensor, 2006)。最近一项基于交叉滞后统计分析方法的研究，探讨了儿童的攻击行为、心理理论水平和同胞间的对抗这三者之间的关系。研究发现，第一个孩子的攻击行为会预测他在弟弟或妹妹出生 4 个月之后出现较差的心理理论，而该阶段的心理理论发展状况又会预测 1 周岁时两个孩子之间的冲突关系。这说明，在第二个孩子出生之前表现出攻击行为的孩子存在较差的心理理论，导致在 1 周岁时他与第二个孩子更容易发生冲突(Song, Volling, Lane et al., 2016)。

最后一点是，第一个孩子与家庭之外的同伴的关系质量也能在一定程度上反映未来他们与自己同胞的关系质量。促进儿童与自己朋友的积极友谊会帮助儿童在自己的弟弟或妹妹出生之后与其建立良好的同胞关系。也就是说，同伴关系可以为同胞关系作准备。通常情况下，第一个孩子在有同胞之前往往都会接触与自己同龄的同伴(Kramer & Gottman, 1992)，他们可以学会如何提供社会支持，如何处理同伴之间的问题，等等。友谊为他们有效地处理将要面对的同胞关系的挑战奠定了基础。例如，伊利诺伊大学厄巴纳-香槟分校的儿童心理学家克雷默(Laurie Kramer)及其同事对 28 位在其同胞出生时 4 岁大的孩子进行追踪研究，直到他们进入青少年期。研究者发现，如果他们在同胞出生之前能与自己的朋友有积极的互动

（例如，冲突解决、假装游戏等），那么，在他们的同胞分别 6 个月大、14 个月大时，两者之间的同胞关系会更好（Kramer & Gottman, 1992），而且这种积极的关系一直持续到青少年期，在这一阶段他们与同胞仍然会建立亲社会的互动关系（Kramer & Kowal, 2005）。该研究进一步发现，如果第一个孩子对自己新出生的弟弟或妹妹是接纳的，那么他们在与同伴的游戏中会更多地卷入以过渡期为主题的假装游戏中（例如，包含小婴儿、同胞的游戏）（Kramer & Schaefer-Hernan, 1994）。这也说明，我们可以从第一个孩子的同伴关系中，即通过他们对过渡期相关主题的假装游戏的兴趣来考察他们是否接受或者喜欢自己的弟弟或妹妹（但是，值得我们注意的是，仅仅跟同伴进行过渡期相关主题的述说并无适应方面的价值，这也说明相关行动比言语在过渡期内更有意义）。可见，与同伴或者朋友互动而习得的技能能够迁移到同胞之间的互动中，因为它们都形成于以儿童为基础的关系系统中（Kramer & Gottman, 1992）。相比其他人际关系（例如，亲子关系、师生关系），维系同伴关系需要更高级的人际技能。家庭中的第一个孩子可以在与朋友或者其他同伴的互动关系中，学会控制自己的消极情绪，处理消极的情感，这些都是情绪能力（情商）的练习，最终都可以运用到同胞关系的早期发展中。

## 三、同胞嫉妒

父母评价第一个孩子是否作好心理准备的一个重要指标就是嫉妒，它是了解未来同胞关系的一个重要窗口（Dunn & Munn, 1985）。在弟弟或妹妹出现之前，家庭中的第一个孩子拥有父母全部的投入和关注，但是第二个孩子出现(或者母亲怀孕)之后，父母的投入和关注势必发生转移，此时第一个孩子就会出现同胞嫉妒(Volling, 2012)。嫉妒是一种情绪、认知和行为的综合体，往往发生在三方关系中，即嫉妒者、爱的人以及竞争对手之间(Parrott, 1991; Volling, McElwain, & Miller, 2002; White & Mullen, 1989)。嫉妒的情绪成分包括多方面的表现，如害怕、愤怒、伤心、痛苦，甚至包括抚慰，它们的产生取决于三方关系本身。如果个体感受到原本爱的关系失去了，就会出现伤心情绪；如果个体感受到这种爱的关系被背叛了，就会出现愤怒情绪；如果个体感受到自己被爱的人抛弃或者忽视了，就会出现害怕或者焦虑情绪。嫉妒的行为成分往往包括企图加强与爱的人的关系，阻止竞争对手与爱的人建立关系，索取他人的帮助，对爱的人或者竞争对手采取敌意的行为，聚焦于其他能带来快乐的活动，等等。嫉妒的认知成分主要聚焦于对父母投入转移的认识和理解，例如有些个体评价竞争对手的存在是对自己与爱的人的关系的一种威胁，认为自己将得不到爱的人了，等等(Hupka, 1984; Volling, McElwain, & Miller, 2002)。

同胞嫉妒往往与同胞冲突、同胞竞争等混合在一起，这是因为它们之间相互交叉联系，但又各具独特性。在二孩家庭中，同胞嫉妒涉及的三方往往是第一个孩子、第二个孩子与父亲或母亲。第一个孩子产生同胞嫉妒的原因是，感受到自己失去了父母原有的关注和情感投入，他们将此转移到第二个孩子身上。而同胞冲突或者同胞竞争往往只发生在同胞之间，是一种双向的关系，而非三方关系。它们可能会由同胞嫉妒引发，但是并不等同于同胞嫉妒(Kolak &

Volling，2011）。

过去的研究基于嫉妒产生于三方关系中的原理，在第二个孩子出生之前或者之后，企图通过建构一种标准化的嫉妒情境引发第一个孩子的嫉妒状态（Miller，Volling，& McElwain，2000）。通常的情境是：在第一个孩子与父亲、母亲的三方互动中，引入新的一方（在第二个孩子未出生前是一个玩具娃娃，在他出生后是他本人），然后让父母一方或者双方都不理睬第一个孩子，只注意玩具娃娃或者第二个孩子。以这样的方式，研究者可以探讨儿童如何应对父母的不理睬，以及父母一方理睬、另一方不理睬时他们的嫉妒反应。

笔者在读博士期间作为交换生在荷兰乌特勒支大学的发展心理学系学习了三个月，在此期间曾拜访过该系由杜巴斯教授负责的二孩出生过渡阶段的研究课题组，并合作参与了部分研究课题。该课题组就探讨了第一个孩子在第二个孩子出生之前的嫉妒（Szabó，Dubas，& van Aken，2014）。在他们的研究中，第一个孩子的年龄为16—28个月，尽管年龄小，但过去的研究已经发现，18个月大甚至更小的婴幼儿已经能够表达和表现出嫉妒情绪和行为（Hart & Carrington，2002；Volling，McElwain，& Miller，2002）。在他们的研究中，他们设置了多种引发第一个孩子嫉妒的情境：一种是父母忽视他们，去关注玩具娃娃；另一种是父母忽视他们，去完成某个字谜测验；还有一种是父母假装互相交谈，不理睬正在游戏中的孩子。结果发现，具有社会性意义的关注玩具娃娃的情境最能引发第一个孩子的嫉妒行为，而且比起三人互动（即父亲、母亲与第一个孩子共同玩游戏）的情境，两人互动（即父亲与第一个孩子或者母亲与第一个孩子的互动游戏环节)的情境更能引发嫉妒行为。这些差异可能反映了第一个孩子对亲子关系中父母对自己投入的期望,即在第一个孩子与父亲或母亲的双人互动中,他们经历了父亲或者母亲全身心地关注自己,而一旦第一个孩子被忽视,就没有其他可以寻求关注的对象了。在父母与儿童的三人互动中,父母的投入可能是不稳定的、不完全的,一旦第一个孩子被父亲或母亲忽视,还会有另一个人的关注,可以去寻求支持和安慰。这就导致了在完全专注的情境中引发更多的嫉妒。他们的研究结果还发现,比起父亲,母亲似乎更能引发第一个孩子的嫉妒行为,即在被母亲忽视或者母亲只关注玩具娃娃时,第一个孩子表现出更多的嫉妒行为,这可能与母亲通常是主要照料者有关。当第一个孩子发现自己被母亲忽视时,其寻求重新获得母亲关注和安慰而引发的嫉妒行为会更多(Szabó, Dubas, & van Aken, 2014)。

最后,值得一提的是,父母提前了解第一个孩子的同胞嫉妒之所以重要,是因为同胞嫉妒非常稳定,早期的同胞嫉妒会预测之后的同胞嫉妒。也就是说,在第二个孩子出生之前,第一个孩子对玩具娃娃的嫉妒可以预测其对第二个孩子的嫉妒以及之后的同胞关系(Szabó, 2012)。研究发现,第一个孩子的这种同胞嫉妒从第二个孩子的学步儿期一直到学前期都表现得相对稳定以及持续产生影响(Kolak & Volling, 2011)。产生持续、稳定嫉妒情绪的主要原因与缺乏有效的情绪理解和调节能力有关(Kennedy & Kramer, 2008; Kolak & Volling, 2011; Volling, McElwain, & Miller, 2002)。因此,我们根据第一个孩子在第二个孩子出生之前的嫉妒反应可以判断其之后的状况，这是非常好的方法，可以帮助父母尽早为第一个孩子作好心理准备和辅导。已有的研究发现，一起完成假装游戏可以促进儿童心理和感情上的理解(Cutting & Dunn，2006)。也许父母通过与第一个孩子一起玩假装照顾玩具娃娃的游戏，可以帮助他理解他人的情绪并学会调整自己的情绪，克服内心的嫉妒，理解父母投入大量的时间去照料弟弟或妹妹的原因和意义。

## 第二节 父母事先的安排与准备

除了第一个孩子的心理准备外，父母在生育第二个孩子之前也需要深思熟虑，事先作好准备和提前制定计划，这有利于孩子出生之后的适应(Pancer，Pratt，Hunsberger et al.，2000)。生育第二个孩子与生育第一个孩子尽管有很多方面是相通的，之前生育第一个孩子的准备及已有的经验也能帮助父母作好第二次生育的准备(Mercer & Ferketich，1995)，但是前者仍然具有独特性及差异性。母亲在生育第二个孩子时，不仅需要自己作好准备，还需要继续照顾第一个孩子并提前帮助他适应过渡期。此时针对第二个孩子出生后可能出现的状况，父母提前作充分的准备和安排是非常重要的。有研究者认为，比起为生育一孩所作的准备，准备生育二孩的父母尽管有生育一孩的经验，也要作好怀孕及之后养育的准备，这更为重要、更不可替代(Mercer & Ferketich，1995)。国外的一些研究发现，有组织的二孩准备课程或者活动对二孩家庭来说非常有效、有益(Stewart，Mobley，van Tuyl et al.，1987)。

除了之前提到的母亲怀孕之后父母需要准备好告知儿童之外，父母还需要事先安排好谁陪伴儿童睡觉。如果在母亲生育第二个孩子之前，第一个孩子一直跟父母一起睡觉，那么就应该在这个阶段开始培养第一个孩子独自睡觉的习惯。因为在母亲住院分娩期间，父亲也有可能陪夜，这时候儿童晚上睡觉突然没有父母的陪伴，会非常不适应。提前让第一个孩子适应独自睡觉，当父母不在身边时，就能够避免孩子出现睡眠问题。

即使事先安排儿童能独自在自己的房间或者床上睡觉，他们仍然会在婴儿诞生之后因父母会与婴儿睡在一起而产生嫉妒。例如，在亚洲文化背景下，儿童小时候常会有与父母一起睡觉的习惯，当看到自己的新生同胞与父母睡在一起时，这些儿童就可能拒绝独自睡一张床或者一个房间(Legg, Sherick, & Wadland, 1974)。当然，遇到这样的情况时，条件允许的话，有些父母会将新生儿也安排在一个单独的房间里，然后逐渐引导较年长的儿童回到他们自己的独立房间中，他们也被允许回到父母的房间睡觉。最终，年长的儿童逐渐习惯了自己的新房间，不再回父母的房间睡觉。

对于那些已经有自己房间的孩子，父母为他们准备一张新床，或者让他们自己挑选新床，将会为他们更好地适应新生儿的诞生提供机会。通常他们的旧床较小，为他们提供较大的新床(父母可以将之称为“大男孩的床”“大姑娘的床”)，可以让他们体会到自己已经长大了，要成为哥哥或者姐姐了。此时如果父母询问旧的小床如何处理，他们往往会欣然将小床留给即将出生的弟弟或者妹妹。此外，研究者认为新床的使用时间应该是在新生同胞出生之前，这样就避免年长的同胞产生诸如自己“被排斥”或者“不要我了”等不必要的感受。同时，换新床可以与儿童的某种成就建立联系，而不会与为了新生同胞出生所作的安排相关联，前者更能让儿童感受到成就感，而后者会让儿童感到自己的物品被新生同胞夺去了(Legg, Sherick, & Wadland, 1974)。

提前确定母亲住院分娩时谁代为照看孩子也是非常重要的(Legg, Sherick, & Wadland, 1974)。母亲因为分娩而与第一个孩子分离，会使孩子产生一定的分离焦虑(参见第五章关于这一问题的论述)，因此，找到一个能够在母子分离阶段缓冲这种不适应的代为照看者显得尤为必要。通常情况下，找一个儿童熟悉或非常亲近的成年人，例如祖父母或其他亲属，是相对较好的选择。最好让代为照看者来家中，而不是安排儿童去其家中。因为对儿童来说环境熟悉很重要，若照看者改变了，环境也改变了，多重陌生因素会给孩子带来焦虑和不适应。特别是年龄正处于依恋关系建立阶段的儿童，更应该注意选择那些能提供安全港湾和基地的成年人作为照看者，保护儿童，为他们提供安全感。

有些母亲的分娩征兆出现在晚上，这种突然发生的事情需要马上有成年人陪伴并代为照看儿童，所以在预产期前几天就应该安排代为照看者提前入住家中，避免因突发性事件而手忙脚乱。为了预防可能发生的早产，父母甚至需要在预产期前两三个月就确定好代为照看者的人选。提前确定人选，一方面是避免在母亲住院时找不到人手，另一方面也能让他提前作好准备，安排妥当自己的相关事务。

当然，在第二个孩子出生之前，父母自身的社会心理功能也需要适当调整。父母需要提前决定第二个孩子出生后如何平衡照顾及养育两个孩子的时间和关爱(Krieg, 2007)。但是有些父母在第二个孩子尚未出生之前就怀疑自己是否有能力平等地爱两个孩子，担心自己与第一个孩子的关系会发生变化，担心他无法接受自己的弟弟或妹妹(Walz & Rich, 1983)。另外，他们往往还会为自己不能像过去那样全身心地照顾第一个孩子而感到内疚或者伤心，甚至害怕他们会毁了第一个孩子的生活(Richardson, 1983; Walz & Rich, 1983)。因此，父母也要提前为有可能因为更多照顾第二个孩子而产生的内疚、伤心情绪作好准备。某些学者建议，应该让父母明白这是一种正常的心态，这会减缓父母的内疚并促进他们适应这一状态(Young, Boyle, & Colletti, 1983)。

在第二个孩子出生之前，父母要维护好家庭功能，亲子关系、婚姻关系等都应保持良好的状态，避免问题出现。因为如果在第二个孩子出生之前这些方面出现功能紊乱，那么在孩子出生之后，由于压力增加，功能紊乱会加剧，即出现扩大效应(Graber & Brooks-Gunn, 1996)。因此，要尽量避免在第二个孩子出生之前出现问题。研究发现，如果父母在第二个孩子出生之前与第一个孩子建立良好的亲子关系，那么第一个孩子对刚出生的弟弟或妹妹会有更多的亲社会行为(Kramer & Gottman, 1992)，会更接纳弟弟或妹妹(Szabó, 2012)，并且后来的同胞关系会更加积极，较少出现敌意和激烈对抗(Kramer & Kowal, 2005)。但是，如果在第二个孩子出生之前，父母婚姻关系不和谐或母亲出现抑郁、焦虑等心理不适症状，这些因素最终会不利于儿童适应弟弟或妹妹出生之后的生活(Szabó, 2012; Teti, Sakin, Kucera et al., 1996)。婚姻不和谐或夫妻关系紧张本身就是一种压力生活事件(Conger, Stocker, & McGuire, 2009),如果再加上第二个孩子的出生给整个家庭带来的生活压力,累积起来会影响家庭的功能,不利于父母与孩子共同迎接弟弟或妹妹的出生(详细分析可参见第六章关于第二个孩子出生后的家庭相关问题的探讨)。

最后,值得一提的是,有些家庭为了弥补在第二个孩子出生之后对第一个孩子情感支持的下降,在第二个孩子出生之前似乎会增加对第一个孩子的情感支持,表现为情感支持突然出现上升趋势(Richardson, 1983),这可能是父母作出的一种"事先补偿"。一项美国的跟踪性调查项目最近的报告的确发现,在新的同胞出生之前,已出生的同胞的确获得逐渐上升的情感支持,但是新的同胞出生之后,这种支持就逐渐下降了(Kowaleski-Jones & Dunifon, 2004)。我们需要考虑的另外一个问题是,因事先补偿而导致情感支持急剧下降,反差过大是否反而影响第一个孩子的适应?也许对某些孩子来说会造成影响,有些则未必。从家庭实际情况出发,针对儿童与家庭的具体特点作出相应的调整,真的是一个复杂的、系统性的问题。

第五章

# 二孩家庭起始阶段中的第一个孩子

## 第一节　第一个孩子与母亲的亲子分离

对儿童来说,与父母的亲子分离会带来极大的痛苦。孩子如果正处在建立依恋关系的关键阶段,长期的亲子分离就会造成长远的不良后果。同样,在母亲即将生产第二个孩子时,有一段时间需要住院,母亲可能不得不与第一个孩子分离,这一阶段也会对第一个孩子带来一定的影响。比起第二个孩子出生之后,在母亲怀孕期间,尤其是第二个孩子快出生前的一段时间,第一个孩子表现出更高的分离焦虑(Moreno, 2012)。这可能是因为第一个孩子预期母亲生产时要去医院,此时就会与母亲分离,因此产生强烈的分离焦虑,而母亲生产完从医院回来之后,这种分离焦虑就会逐渐减弱。目前这方面的研究仍然非常有限。

在美国早期的一项较系统的研究中,研究者对母亲住院生产前、生产中、生产后三个阶段儿童的行为和生理反应进行了跟踪观察(Field & Reite, 1984)。在他们的研究中,16 个来自白人中产阶级家庭的儿童参加了该项跟踪研究,儿童平均年龄为 38 个月,母亲平均住院时间为 4 天。研究者在母亲住院前 10 天左右进行第一次调查，第二次调查是在母亲住院后的 2—3 天里，最后一次调查是在母亲从医院返回家中之后 10 天左右。研究者在每次调查中都拍摄了一段儿童与父亲或者母亲玩游戏的视频（调查内容包括游戏形式、言语表达、情绪表达、行为问题等），并用生理仪器记录儿童的心率和活跃水平。此外，研究者还非常细致地记录儿童的睡眠状况，以及父母报告的儿童相关的问题（例如，饮食问题、如厕问题、生病等）。他们的研究结果发现，母亲住院期间以及出院后的这段时间中，儿童的笑容最少，最不活泼；在母亲住院期间，攻击行为（例如，在假装游戏中会假装攻击将要出生的新生儿）和抱怨出现次数最多，并且有更多的黏人行为（例如，始终要和父母在一起，想被抱起来）。生理指标也出现了同样的变化趋势——在母亲住院期间，儿童的心率最快，活跃水平也最高。饮食方面的结果比较不一致，有些孩子在母亲住院时吃得更多，但有些孩子吃得更少。如厕行为在此期间也出现了不少问题。在睡眠方面，在三个调查阶段睡眠状态整体稳定，但是也有一些微小变化。例如，在母亲住院时，儿童睡眠时间最长，但是晚上醒来的次数以及夜间哭闹的次数在某种程度上也是最多的，这可能与白天情绪痛苦有关。最后，身体生病在母亲住院期间比较常见，经常出现的有呼吸道问题、耳感染、严重的便秘等。

这些因母亲住院导致的亲子分离而出现的问题在一定程度上是孩子感到焦虑、痛苦的表现，孩子希望通过这些问题来吸引父母的注意，其实就是退化行为的体现。其他问题还包括想用奶瓶，即使不用奶瓶也可能更多地吮吸自己的手指等。当然，值得注意的是，在短暂的分离阶段也会出现一些适应行为，例如，儿童的饮食行为有所改善(Trause, Voos, Rudd et al., 1981)。但是，研究者们(Field & Reite, 1984; Trause, Voos, Rudd et al., 1981)仍然不清楚，母亲住院期间儿童出现的这些变化在多大程度上与亲子分离有关，在多大程度上与家里有了新生儿有关，以及在多大程度上与亲子关系发生变化有关。儿童出现的这些变化首先发生在母亲住院期间，因此，从某种意义上说明它与母子分离有关。但是，也正是在这个阶段，新生儿出现了，而新生儿的出现又必然影响儿童与父母原有的亲子关系及模式，使其在质和量上都出现相应的变化。同时，犹如前两章论述的，新生儿出生前父母会为儿童提前作好心理准备，诸多因素混合在一起，不可避免地会影响和导致儿童的身心变化。影响作用孰重孰轻，在目前的研究中尚未清晰地剥离出来，更不用提影响过程中的具体机制。例如，是否存在调节作用，是否存在中介机制，这些都不清楚。

早期的研究多数样本量较小，很多效应并不明显，结果不是很稳定。因此，在未来的研究中，增加样本量并采用全方位的跟踪方式，应该能够帮助研究者更全面地掌握这个阶段的儿童变化的产生机制。例如，为儿童配备一个方便穿戴的测量心率变化的设备，可以实时监控生理指标的变化。

最后，在母亲住院生产期间以及回来之后，父母都相对比较疲劳，常常对儿童游戏的参与度较低，不积极与儿童一起游戏；他们往往缺乏情感交流与社会支持，在情绪方面表现较平淡，甚至出现抑郁情绪(Dunn & Kendrick, 1982; Field & Reite, 1984)。关于这一问题的论述可参见第六章中“父母的心理应对及养育方式”部分的讨论。

## 第二节　第一个孩子探望住院生产的母亲

为了缓冲母亲住院生产期间第一个孩子与母亲分离而引发的焦虑和痛苦，父母应该允许儿童在母亲住院生产期间探望母亲。诸多学者认为，这是缓解亲子分离导致的焦虑和痛苦的一个可行办法(Legg，Sherick，& Wadland，1974；Trause，Voos，Rudd et al.，1981)。例如，一个由 31 个家庭中的第一个孩子组成的研究将儿童随机分为两组，一组为可探访组，另一组为不可探访组(Trause，Voos，Rudd et al.，1981)。可探访组儿童在母亲住院生产期间，由父亲陪伴着去医院看望母亲以及新生婴儿。与之前介绍的研究(Field & Reite，1984)一致，他们的日常行为问题(包括睡觉模式改变、爱发脾气、多动行为)会在母亲住院之后出现。研究进一步发现，尽管有无探访行为不会影响上述问题的出现，但它的确影响了第一个孩子对分娩后的母亲与新生婴儿的反应。例如，没有探访行为的孩子再次见到母亲之后，会忽视和回避母亲，拒绝母亲想与之拥抱和亲吻的请求，并且忽视或者比较消极地应对父母询问是否喜欢新生宝宝的问题。另外，有学者总结道，第一个孩子在作好了准备并获得心理支持之后去探访住院的母亲，就不会对医院产生恐惧感，也不会在自己的新生弟弟或妹妹回家时表现出害怕(Murphy，1993)。

研究者提出了一些在第一个孩子探望母亲时有帮助的建议：

(1) 在第一个孩子探访前,父母有责任判断是否存在染上传染病的风险。(2) 在探访之前,应该让第一个孩子对会在医院经历的场景、声音等(例如,医院里病人的哭声、包扎伤口的场景),以及新生的弟弟或妹妹的外表、行为表现等,均有所准备。(3) 探访的时间应该更灵活,配合第一个孩子的上学时间以及回家的作息时间(Murphy, 1993)。

比起让儿童去医院探望,电话联系对儿童的影响差异性较大。例如,有研究通过访谈发现,有些儿童把用电话与住院的母亲联系描述为“让人讨厌”;有些儿童对电话联系没有兴趣,注意力很少集中在电话另一端母亲的话语上;当然,也有儿童听到母亲的声音很兴奋(Legg, Sherick, & Wadland, 1974)。不过,比起没有电话联系,有电话联系至少在某种意义上确保儿童在心理上能够继续与母亲保持联结。尽管不能看到母亲以及存在空间距离感,但是心理上的距离在一定程度上可以得到弥补。上述研究属于较早期的调查,随着当代网络技术的发展,如果能使用视频聊天,或许可以更好地替代去医院探望。这值得未来研究者去进一步探讨。

## 第三节 第二个孩子出生后的头一个月

对父母(尤其是母亲)来说,产后第一个月被视为最困难的阶段(Mercer, 1986)。同样,对于第一个孩子,各种适应与不适应都可能在弟弟或妹妹出生后的头一个月迅速暴露出来。因此,对于二孩家庭起始阶段头一个月的细致、系统的分析显得尤其重要。

## 一、第一个孩子的不适应

在面对自己的新生同胞时，第一个孩子有时会表现出强烈的不适应。有研究者对刚生育第二个孩子 2—3 个星期的母亲进行访谈，发现有近 50%的母亲汇报她们的第一个孩子哭得比以前多，并且更加黏人，有行为退化的迹象（例如，像婴儿一样说话；以前已经会自己吃饭了，现在想要被喂饭；要求父母抱自己），93%的母亲汇报她们的第一个孩子提出更多的要求。更令人震惊的是，大概有 75%的母亲汇报她们的第一个孩子在同胞出生之后，与自己的关系变得消极起来（Dunn，Kendrick，& MacNamee，1981）。这种不适应的行为在越年幼的儿童身上表现得越明显（Stewart，Mobley，van Tuyl et al.，1987）。例如，在第二个孩子出生之后的一个月内，有 46%的 2 岁孩子和 53%的 3 岁孩子出现如厕问题，但是只有 15%的 4 岁孩子会出现如厕问题。除此之外，还有一些研究发现，第二个孩子出生一个月后，第一个孩子表现出更多的攻击行为以及更多的焦虑、伤心情绪（Gottlieb & Mendelson，1990；Moreno，2012；Stewart，Mobley，van Tuyl et al.，1987），他们会去干扰正在被喂奶的弟弟或妹妹（Dunn，Kendrick，& MacNamee，1981）。母亲出院，家人把新生儿接回家之后，第一个孩子还可能出现一段时间的抑郁与感情平淡状态，这可能反映出儿童正处于无助中（Field & Reite，1984）。因为在此阶段，父母，尤其是母亲，对第一个孩子的关心与管教可能会在过渡期内显著下降。有些研究甚至发现，母亲与第一个孩子的说话在头一个月下降到最低水平（Stewart，Mobley，van Tuyl et al.，1987）。如果亲子关系发生很大变化，第一个孩子会更加无助。上述这些研究都说明,在第二个孩子出生后的头一个月,第一个孩子会出现各种消极的反应,表现为外化的和内化的各类行为问题。出现这些问题的可能原因是,母亲要同时抚养两个孩子,压力剧增,对第一个孩子的关注减少,最终导致母亲与第一个孩子的关系变得不那么亲密,从而引发问题产生。

另外,同母亲住院生产期间的情况类似,第二个孩子出生后不久,第一个孩子常见的不适应行为是退化(regression),这在年龄较小的学步儿童中较为常见。退化行为在第二个孩子出生后的头一个月出现得最为频繁(Stewart, Mobley, van Tuyl et al., 1987)。通常,儿童会出现强烈的口欲期需求,例如重新想使用奶瓶和奶嘴、吮吸手指等(Legg, Sherick, & Wadland, 1974)。其中,最困扰母亲的可能是吮吸手指,因为从卫生的角度来看,这是非常不好的习惯,而这种看似坏习惯的行为实际上是退化行为。另一种退化行为往往是如厕问题。当然,我们需要看到,如厕问题不仅仅是由第二个孩子的出生这一单一事件引发的,还有其他因素起主导作用。例如,父母的过度保护;未在关键期予以孩子自主性训练;父母不够耐心,经常无法控制自己的攻击冲动;搬入新家或者入住新的房间等压力生活事件。莱格等研究者(Legg, Sherick, & Wadland, 1974)曾经访谈过的一位母亲告诉他们,女儿出生之后,她 4 岁的儿子经常尿床。她解释说,在女儿出生之前,4 岁的儿子过于依赖自己。女儿出生之后,她对儿子的照顾减少,而且对儿子过于限制,导致在女儿出生前后养育行为反差太大,引发儿子的如厕问题。我们不难看出,弟弟或妹妹的出生这一压力生活事件,连同其他的因素一起造成了第一个孩子的退化行为。以上述如厕问题为例，父母的养育行为就是其中的连带因素。如果母亲在女儿出生前后就培养儿童的自主性，并在过渡阶段保持具有支持性、温暖的养育行为，那么也许儿子的如厕退化行为就不会发生，至少发生的概率会下降很多。值得注意的是，第一个孩子的这些退化行为的出现往往是临时的，实际上，在第二个孩子出生之后的一年内，不需要刻意的干预，退化行为就会逐渐消退(Stewart，Mobley，van Tuyl et al.，1987)。

母亲出院后，第一个孩子不可避免地要经历母亲给新生婴儿喂奶的情景。这会对第一个孩子产生什么影响吗？研究发现，在第二个孩子出生后的头一个月里，当母亲给他喂奶时，如果第一个孩子在场，往往会增加第一个孩子与母亲之间的对峙，导致第一个孩子故意作出调皮捣蛋的行为(Kendrick & Dunn，1980)。类似的情况在母亲怀抱第二个孩子时也会出现。该研究进一步对母亲用奶瓶喂养和进行母乳喂养这两种情况作比较，结果发现，第一个孩子的此类行为在母亲用奶瓶喂养时出现得更频繁。当母亲采用母乳喂养时，反而容易与第一个孩子建立积极的亲子关系(Kendrick & Dunn，1980)。尽管仅靠这一项研究不能说明，母乳喂养要比奶瓶喂养更有利于第一个孩子的心理适应，但似乎可以作出如下推测：母乳喂养相对比较简单、容易，不会像奶瓶喂养那样需要更多的程序和步骤(例如，泡奶粉需要清洗奶瓶和准备适宜温度的水，有时需要等待，等等)，能够让母亲更从容地应对，因此也不会过多地即刻引发第一个孩子及母亲的心理压力。

最后，一些设计比较完善的研究对二孩家庭的最初形成阶段进

行了跟踪分析。例如,在一项由70户家庭组成的追踪调查研究中,研究者同时设置了控制组和实验组(Nadelman & Begun, 1982)。实验组家庭在母亲快生第二个孩子的前3—4周进行一次调查,然后在孩子出生后的3—4周进行第二次调查。使用控制组家庭作为配对组,在相应的时间段进行两次调查。这项研究的结果表明,总体来说,第一个孩子并没有出现明显的消极行为变化。仅有的消极行为主要表现为,第一个孩子变得有些暴躁,爱哭,会紧跟着母亲,努力获得母亲对自己的关注,这些可能都是痛苦心情的表现。在第二个孩子出生后的这段时间里,实验组和控制组家庭中的第一个孩子并没有显著的行为差别(Nadelman & Begun, 1982)。

另外一项以家庭中3—5岁的第一个孩子为基础的30户家庭的追踪研究探讨了第一个孩子和自己好朋友的假装游戏与同胞接纳之间的关系。他们发现,第一个孩子与好朋友的假装游戏中会出现很多与过渡期相关的主题游戏(例如,假装照顾小婴儿、同胞)。同时,他们的研究还进一步发现,第一个孩子即使对自己新出生的弟弟或妹妹是接纳的,喜欢与他们有积极的互动,但由于过渡期内(在弟弟或妹妹快出生的前一个月到出生后的一个月)压力的存在,他们在与好朋友的互动中也会中断或者减少以过渡期为主题的假装游戏(Kramer & Schaefer-Hernan, 1994)。这说明顺利、开心地完成假装游戏需要一定的能力,这些能力也许能反映儿童能否适应重要的过渡期(例如,新同胞的诞生)。换句话说,对于第一个孩子,第一次成为新生同胞的哥哥或姐姐是非常有压力的事件,在这种压力下,他们就有可能抑制玩此类假装游戏。

## 二、第一个孩子的成熟发展

当然，我们不能只看到第一个孩子在此阶段出现的消极应对，还应该发现其积极的变化。最普遍的变化就是第一个孩子变得更加独立。例如，超过60%的母亲汇报自己的孩子在弟弟或妹妹出生后的那一年出现某些成熟发展的迹象（Dunn, Kendrick, & MacNamee, 1981）。他们逐渐地学会自己独立吃饭，自己使用坐便器，独自玩玩具或者玩游戏，更容易与父母暂时分开，等等（Dunn, Kendrick, & MacNamee, 1981）。此外，不少孩子在自己的弟弟或妹妹出生的头一个月里，语言能力也有所提高（Dunn, Kendrick, & MacNamee, 1981）。这似乎说明，在这个过渡阶段，他们成长得很快。不少研究已经提醒我们，不能因为同胞之间的嫉妒心理等的存在掩盖发生的积极行为变化（Garner, Jones, & Palmer, 1994; Kramer, 2010; Murphy, 1993）。

莱格等学者（Legg, Sherick, & Wadland, 1974）认为，儿童在自己的弟弟或妹妹出生之后之所以能表现得更加成熟，主要依赖父母提供的支持性养育模式。这种支持性不仅指在弟弟或妹妹出生之后继续关心、关爱第一个孩子，更是指在弟弟或妹妹出生之前就帮助第一个孩子作好心理上的准备以及睡眠安排，在母亲住院分娩期间让第一个孩子来探望母亲，以及父亲的积极卷入，等等。

如果母亲能够跟第一个孩子谈论新生婴儿，并把刚出生几周的婴儿当作一个“人”来看待，与其分析新生婴儿的各种需要，第一个孩子就会对新生婴儿更友好，并会在一年之后的同胞互动中表现得更加积极（Dunn & Kendrick, 1982）。与此同时，母亲可以根据第一个孩子的认知能力,让他们协助照看年幼的弟弟或妹妹。例如,研究发现,母亲往往让那些观点采择能力强的年长儿童帮助照料年幼的同胞,反过来,这些年长儿童也是愿意接受母亲的求助的(Stewart & Marvin, 1984)。其实,这是一个很好的进一步提升儿童社会能力的机会,可以起到促使儿童的能力良性循环发展的作用。

值得一提的是,第一个孩子与其好朋友在互动中会具体聊到与小婴儿或者新生同胞相关的话题以及交流自己的感受,这种现象在第二个孩子出生前后两个月的过渡阶段有显著上升的趋势。但是,它与第一个孩子接纳新生同胞的程度没有关联,也就是说,与自己的好朋友谈论新出生的弟弟或妹妹以及小婴儿并不是一种有价值的适应行为(Kramer & Schaefer-Hernan, 1994)。第二个孩子出生后的头一个月是重要的压力期,虽然上述研究没有进一步探讨,但我们可以推测,第一个孩子在弟弟或妹妹出生后的头一个月正在逐渐体验自己成为哥哥或姐姐的经历,这在某种程度上能促进其心理发展,或者至少通过与同龄朋友的交谈实现缓解压力的目的。这值得我们进一步通过实证研究去验证。

在这个阶段,成熟行为与不适应行为同时出现,从而引出一系列值得进一步思考的问题:对于一个特定的儿童,面对弟弟或妹妹的出生,他是同时出现成熟行为和不适应行为,还是只出现某一类行为?即要么出现成熟行为,要么出现不适应行为?而对于不同类型的儿童(例如,发展成熟行为的儿童),他们之前的发展状况如何影响之后的发展?其作用机制是什么?能够产生多大的作用?这些问题都未在过去的研究中充分讨论过。

## 三、同胞关系

在第二个孩子出生后一个月左右，两个孩子的关系是复杂的，甚至看起来是矛盾的。有些孩子会表现出一系列指向新生婴儿的行为，其中不仅包括温柔照料，而且包括明显的令人不舒服的行为。例如，看到母亲母乳喂养第二个孩子时出现嫉妒行为，也想去喝母乳；或者去拉正在熟睡的婴儿的奶嘴，并将其扔掉，等等(Dunn, Kendrick, & MacNamee, 1981; Legg, Sherick, & Wadland, 1974)。又如，一项时长为半年的跟踪研究发现，第一个孩子对处于婴儿期的弟弟或妹妹作出的亲社会行为存在性别差异，会随着时间的推移而增加，但是这种增加只针对同性别的弟弟或妹妹(Dunn & Kendrick, 1982)。

尽管诸多研究没有直接分析第二个孩子出生后头一个月两个孩子的同胞关系，但是第二个孩子仍然处在婴儿期时，相关研究结果表明，并不是所有的孩子都能够与年幼同胞建立积极关系。例如，尽管有研究者认为，年长的孩子在父母不在身边的时候可以成为年幼同胞替代性的依恋对象，但是这个比例并不算太高。有研究以3—4岁孩子为样本，通过设置陌生人情境，让母亲离开其弟弟或妹妹，分析这个年龄段孩子的反应。结果发现，在母亲不在身边时，有52%的孩子能够为年幼的弟弟或妹妹提供安慰、照料(Stewart, 1983)。这些孩子会使用各种策略，包括拥抱年幼的弟弟或妹妹，用语言安慰他们，用玩具来转移他们的注意力等。那么，为什么只有一半的儿童能够建立积极的同胞关系？也许这并不令人惊讶，尤其是对那些年龄尚小的孩子来说，这或许是他们探索如何与弟弟或妹妹建立关系的某种方式。除了年龄，这一问题还与我们之前提到过的儿童自身的社会认知能力等有关(参见第四章的探讨)。例如,比起那些照料婴儿期的弟弟或妹妹的儿童,没有照料行为的儿童可能对弟弟或妹妹的感受的理解不同,也就是说,这与观点采择能力或者社会理解能力有关(Stewart & Marvin, 1984)。但值得注意的是,也有研究提出,比较第二个孩子出生的头一个月与出生之前母亲怀孕期的孩子的行为表现,发现第一个孩子没有表现出明显的行为变化趋势,只在某些行为上(例如,退缩行为)存在差异(Nadelman & Begun, 1982)。之所以变化不明显,可能在于这两个阶段儿童感受到的压力一样强。

第一个孩子对弟弟或妹妹的降临作出的最初反应可以预测一年之后他们的同胞关系质量(Dunn & Kendrick, 1982; Kendrick & Dunn, 1982)。研究者在出生后 2—3 周内访谈了第一个孩子对新出生的弟弟或者妹妹的兴趣(例如,是否想去帮助照顾他们,想跟小婴儿玩,小婴儿哭泣时予以关注等),然后在大约一年后观察母亲与其弟弟或妹妹互动时第一个孩子的反应(Kendrick & Dunn, 1982)。他们的研究发现,对刚出生的弟弟或妹妹有积极兴趣的儿童在一年之后对母亲与婴儿的互动也出现积极的反应,例如会积极地加入互动中;同时,他们在一年之后也不太会忽视母亲与婴儿的互动。此外,在婴儿出生之后常常模仿他们的弟弟或妹妹的行为的儿童很少在母亲与婴儿的互动中产生消极的抵触行为(Kendrick & Dunn, 1982)。似乎可以建议父母,培养自己的第一个孩子模仿弟弟或妹妹的行为,以促进他们对弟弟或妹妹的兴趣和喜爱,这对同胞之间建立良好的关系或许会有帮助。

又如,一项较长期的小样本研究追踪了从第二个孩子出生到 6

岁这段时间内两个孩子的行为表现，发现两个孩子的关系很稳定。而关注童年期及之后时期的行为表现的相关研究也发现，同胞之间的关系具有较强的长期稳定性（Abramovitch，Corter，Pepler et al.，1986；Brody，Stoneman，& McCoy，1994；Dunn，Slomkowski，& Beardsall，1994）。更重要的是，同胞关系质量具有时间效应（Stillwell & Dunn，1985）。早期，或者说最初的一段时间内，第一个孩子与新生婴儿间的关系会直接、连续并深远地影响后期的同胞关系。这似乎建议父母不能忽视最初的同胞关系质量。

## 第四节　第二个孩子出生后的一年过渡期

### 一、第一个孩子的适应

与弟弟或妹妹出生后一个月里第一个孩子的适应状况相比，在随后的发展阶段，第一个孩子不适应的反应和行为在逐渐减少。例如，在退化行为方面，在弟弟或妹妹出生后的第一年里，第一个孩子在如厕行为、吃饭、游戏、说话方面的问题以及要用奶瓶的情况都有明显的下降趋势（Stewart，Mobley，van Tuyl et al.，1987）。这些反应和行为之所以出现下降趋势，一种解释是，第一个孩子逐渐认识到，他们用这些方式重新吸引父母的注意力的企图并不奏效，因此逐渐摒弃了这些策略。另外一种解释来自精神分析学家西格蒙德·弗洛伊德的爱女安娜·弗洛伊德（Anna Freud），她曾作出精辟论断，即对于年幼的、不成熟的儿童，伴随着退化行为会出现一种进步的发展力，这种力量似乎驱动某些儿童在压力期之后迅速出现成熟的行为反应或者成长表现(Freud, 1965)。这种进步的发展力一旦获得支配权后,在发展的早期阶段发生固着的可能性就会降低,在积极环境的支持下,能够促使儿童进入下一个发展阶段,并且发展适应的行为。这是在弟弟或妹妹出生的过渡阶段,第一个孩子行为进步的一种表现。

第一个孩子的焦虑情绪(表现为哭、黏人行为以及索要那些能让自己有安全感的物品等)也出现了逐渐减弱的趋势,但是会出现反复。例如,在弟弟或妹妹出生后的第四个月,焦虑情绪可能又会增强(Stewart, Mobley, van Tuyl et al., 1987)。研究者对此的解释是,尽管儿童可能学会了不去做什么事情,但是还不知道要做什么事情来帮助他们走出困境。

邓恩等人(Dunn & Kendrick, 1982)还观察到,在弟弟或妹妹出生之后,第一个孩子的言语往往会出现一定的变化,尤其是在与弟弟或妹妹交谈时,他们会系统地调整言语。研究发现,学前期阶段的儿童,甚至包括两岁半的儿童,在与比自己年幼的同胞说话时会调整言语。事实上,儿童对自己年幼同胞的说话内容包含很多重复性的语句,这说明他们通过适当的言语调整来适应年幼同胞的心理理解能力。因此,有些研究者认为,第一个孩子与弟弟或妹妹的对话形式和内容可能反映了同胞关系的质量(Vandell, 1988)。

另一种常常引起父母关注的适应性表现是作为情绪、认知和行为等方面的综合反应的嫉妒。例如,其认知成分表现为第一个孩子的认知评价,也就是对父母对自己的爱是否因新的同胞诞生而削弱或遭受威胁进行解释和评判,而这种认知评价反过来可能影响妒忌的情绪和行为成分。例如，一旦认识到父母的爱被弟弟或妹妹夺走了，第一个孩子就会出现愤怒情绪或者攻击行为。因此，这种由情绪、认知和行为等方面的反应组成的综合体又被称为对同胞的嫉妒情结(jealousy complex)(Kolak & Volling, 2011)。研究发现，当发现父母的注意力转移到新生同胞身上时，因年龄差异，儿童的表现稍有不同：学步儿会表现出更多的痛苦(例如，哭、不满、焦躁等)，而稍年长的学前期儿童表现出更多的伤心和生气，他们也会在情绪管理方面更成熟，通过分心的方式(例如，玩玩具)来调整嫉妒情绪，或者通过让父母分心(与父母交谈或者问问题)的方式避免父母转移对自己的关注。但是，当父母的注意力聚焦在另一个同胞身上时，所有的同胞都会试图用身体去打断父母与其的互动，甚至会去击打或者推搡父母或另一个同胞(Miller, Volling, & McElwain, 2000)。

在外在行为表现方面，积极和消极的行为在过渡期内并行出现。在一年的过渡期内，攻击行为始终居高不下，第一个孩子对弟弟或妹妹的攻击行为甚至出现上升趋势(Song, Volling, Lane et al., 2016)。这些攻击行为包括争论、攻击自己新出生的弟弟或妹妹，攻击父母等(Stewart, Mobley, van Tuyl et al., 1987)。在弟弟或妹妹出生前就出现攻击行为的孩子，在弟弟或妹妹出生后更易出现对抗同胞的行为，并且会出现连锁反应(Song, Volling, Lane et al., 2016)。另外，也许对处于童年期的第一个孩子来说，攻击行为是有效的策略，可以应对在力量上处于劣势的同胞，这导致他们会使用直接、有效的攻击行为，也许会给正在成长的弟弟或妹妹留下被欺负的记忆。例如，已有的研究发现，年幼的儿童往往把具有敌意的意图归于自己年长的同胞(Recchia, Rajput, & Peccia, 2015)。另外,也有研究发现,第一个孩子在弟弟或妹妹出生之后出现的攻击行为往往是指向母亲的,因为母亲对第一个孩子的照料、关注、关心等都发生了明显的变化。而对新生的弟弟或妹妹的攻击行为往往要等到其学会爬动,或者有能力干扰自己做事情,或者破坏属于自己的东西时才会发生(Legg, Sherick, & Wadland, 1974)。

第一个孩子见到母亲与弟弟或妹妹互动时,往往会表现出反抗行为,而不是在一旁观看或者积极参与(Kendrick & Dunn, 1982)。但是,如果母亲与弟弟或妹妹之间的互动具有游戏性质,第一个孩子往往表现出更大的兴趣,并且愿意以积极的方式参与到母亲与弟弟或妹妹的互动中(Kendrick & Dunn, 1982)。

在多子女家庭中,同胞间的分享、照顾以及顺从行为是社会性发展的重要方面(Knafo & Plomin, 2006; van Berkel, van der Pol, Groeneveld et al., 2015);第一个孩子积极关注弟弟或妹妹的需要并作出亲社会行为可以促进其社会认知能力的发展(Dunn & Slomkowski, 1992)。儿童帮助照料自己的同胞具有历史的稳定性以及文化的普适性(East, 2010)。在整个过渡期内,几乎所有的第一个孩子都曾帮助母亲照料年幼的弟弟或妹妹(Stewart, Mobley, van Tuyl et al., 1987)。尤其是弟弟或妹妹半岁以后,第一个孩子的这种帮助行为在逐渐增多。这些帮助行为包括:在妈妈给婴儿换尿布时,给她递尿布;在婴儿不开心时,哄他们;在母亲忙于其他事情时,去照看婴儿,等等。当询问他们喜欢为弟弟或妹妹做什么事情时,普遍的回答是抱弟弟或妹妹、逗他们笑或者陪他们玩。另外,有研究发现，当学前儿童要与自己1岁左右的弟弟或妹妹分享食物，例如美味的葡萄干时，他们平均会分享3—4颗葡萄干。分享的水平在一年的追踪调查期间具有一定的稳定性，也就是说，如果第一个孩子在第一次调查时愿意与弟弟或妹妹分享食物，那么一年之后他们还是会愿意分享食物(van Berkel, van der Pol, Groeneveld et al., 2015)。第一个孩子的这种指向弟弟或妹妹的照顾或者分享行为有利于他们增强骄傲感、促进愉悦感，在帮助父母减轻养育负担的同时，能让父母在第一个孩子照顾弟弟或妹妹的情况下同时与两个孩子待在一起(Kramer & Ramsburg, 2002)。

值得注意的是，对于相对比较年幼的第一个孩子，他们是否愿意与弟弟或妹妹分享与某些情境也有关联。特别是当父母在场，也许出于想要被赞扬或者认可，他们往往更容易表现出与同胞分享的行为(van Berkel, van der Pol, Groeneveld et al., 2015)。这似乎是可以理解的——弟弟或妹妹出现之后，第一个孩子总是有被父母忽视的危机感，为了让父母继续喜欢自己，他们在父母在场的时候对弟弟或妹妹表现得很友好，这也许是一种成熟的人际策略。进一步的分析发现，4岁左右的孩子更易于在父亲在场的时候与自己的弟弟或妹妹分享食物，这可能与父亲往往扮演“严父”的角色有关。为了避免因不分享而招致父亲的惩罚，他们更易于在父亲在场而不是母亲在场时作出分享行为(van Berkel, van der Pol, Groeneveld et al., 2015)。

除了外部因素，这些亲社会的行为当然也与儿童某些内在的心理特质有关。例如，气质就是其中一个影响因素。沃林(Volling,

2004)以60个美国家庭中平均为50个月大的年长同胞以及16个月大的年幼同胞作为研究对象,探讨在母亲不在场的情况下,年长同胞对年幼同胞的照顾行为(包括身体的安抚以及言语的安慰)是如何受到年长同胞与年幼同胞自身因素的影响的。研究发现,年长的同胞的气质属于较低活跃水平时,他们更能为年幼同胞提供安慰并使用多种不同的照料策略。另外,社会性害怕特征的气质也能促进年长同胞的照料行为,这可能是因为这类儿童表现出更高的共情的能力。对于那些表现为气质性愤怒的年长同胞,他们往往会在母亲与其分离时离开实验室,以回避这种痛苦的经历。这也说明,对于这类儿童,父母需要认识到他们不太可能容忍亲子分离,因此最好不要把年幼的同胞独自交给这类儿童看管。此外,沃林在研究中还发现,年幼同胞的气质特征(例如,气质性愤怒等)会引发年长同胞使用不同的照看策略来照顾他们。

犹如年幼同胞的个人特点(如之前刚讨论过的气质特点)对年长同胞适应的影响,第二个孩子发展阶段中的任务与成就也会影响第一个孩子的适应。例如,当第二个孩子的运动机能逐渐成熟之后,他们会更加主动积极地参与外部环境的探索,开始去抓各种物品,爬到各种地方或者歪歪扭扭地走动,第一个孩子因而开始建立或者巩固自己在家庭中的地位(Kreppner, Paulsen, & Schuetze, 1982)。他们尝试着表现出自己比弟弟或妹妹具有更优越的地位,尤其喜欢在弟弟或妹妹刚刚获得的新能力的领域中展现自己的优越性。举例来说,他们可能会夺走弟弟或妹妹抓着的玩具或其他属于自己的物品,以此展现自己具有控制场面的能力。除此之外,他们还会与弟弟或妹妹设定某种界限，以此维护自己的优越感。父母也会在这一过程中起到推波助澜的作用。例如，父母夸奖或者赞美弟弟或妹妹所获得的成长以及能力的提高："宝宝会玩哥哥的玩具了，真的很棒！""宝宝会走路了，比哥哥走得早，真聪明！"这些都可能伤害第一个孩子，导致他不能很好地适应弟弟或妹妹的成熟。所以，在此阶段，同胞之间的关系及其互动成为家庭热点问题（Kreppner，Paulsen，& Schuetze，1982）。

沃林研究团队对第二个孩子出生4—12月期间，两个孩子的关系及其应对模式进行了较为系统、全面的分析。他们根据两个孩子互动中的行为，运用混合增长模型的分析方法，发现了三种同胞互动模式，分别是积极卷入、对抗模式上升与早发型对抗模式（Oh，Volling，& Gonzalez，2015）。互动模式属于积极卷入的孩子占50%，他们一开始就与弟弟或妹妹积极互动，而且随着时间的推移，这种积极卷入的互动水平逐渐提高；此外，他们对抗和回避的行为水平都很低，尽管随着时间的推移略有逐渐上升的趋势，但这种变化似乎是正常的，因为随着弟弟或妹妹的成长，其能力在迅速发生变化，他们展现出来的运动等能力（例如，能够爬行或者走动，从而引发与第一个孩子的互动，有的是积极的，有的可能是消极的）致使第一个孩子出现一定的情感矛盾。互动模式属于对抗模式上升的孩子占42%，这类孩子不仅积极卷入水平低，而且未表现出明显变化趋势。与积极卷入模式的孩子相比，这类孩子在整个观察期出现对抗行为由少到多急剧增加的趋势，同时也会出现逐渐增多的回避行为。总体而言，这类孩子出现急剧增加的对抗行为会导致某些社会适应方面的隐患,同时给父母带来更大的压力。互动模式属于早发型对抗模式的孩子只占8%,尽管只占少数,但是他们表现出独特的模式,出现的问题似乎比前面两类孩子更严重。具体来说,虽然他们有非常高水平并且稳定的积极卷入,但是他们又存在有别于其他两类孩子的表现:一方面,对抗行为处在相对较高的水平;另一方面,观察初期较低的回避水平在随后的观察中出现急剧上升的趋势。这类儿童因为积极卷入水平与对抗、回避水平都非常高,又被称作极端情感矛盾型,即爱憎混乱型。这一研究结果大致可以涵盖过去研究中第一个孩子在弟弟或妹妹出生之后出现的各种适应状况的主要类型。这也进一步说明,在应对弟弟或妹妹出生的过渡阶段,第一个孩子的适应存在个体差异。而进一步的分析发现,引发第一个孩子适应差异的因素是多方面、多层次的(Oh, Volling, & Gonzalez, 2015)。沃林研究团队采用结构方程模型建构关系路径,发现早在第二个孩子出生之前,父母的养育压力以及第一个孩子的消极气质特点就会引发父母在第二个孩子出生一个月之后表现出养育自我效能感低下。也就是说,即使他们有养育的经验,但是生育第二个孩子之后,因为自身及来自第一个孩子的多重不利因素的困扰,父母的养育压力会增加,使他们感到自己缺乏养育能力,而这种感受又直接影响了第一个孩子的适应,会让他们的互动模式更多地属于对抗模式上升类型。另外,父母的惩罚行为也会影响第一个孩子的适应,导致其互动模式成为早发型对抗模式。

最后,值得注意的是,目前对于第一个孩子的适应的研究往往基于独立变量的发展轨迹或者变化,很少同时考虑多变量的共同发展模式。例如,之前提到第一个孩子在弟弟或妹妹出生之后会出现焦虑和嫉妒,那么对某些孩子来说,是不是焦虑和嫉妒同时出现?焦虑和妒忌是否同时在弟弟或妹妹出生后出现增长趋势?比起那些只出现一种情绪问题(例如,只出现焦虑或者只出现嫉妒)增加的孩子,同时出现多种情绪问题增加的孩子是否有所不同?他们在未来发展中是否会出现更大的发展问题?这就需要通过设计更多的跟踪研究,将不同的适应指标纳入其中,对上述问题进行系统分析。

## 二、同胞关系与同胞心理发展

同胞关系是个体社会情绪与认知发展最重要的自然情境。同胞关系不像同伴关系(陈斌斌,李丹,陈欣银,等,2011;陈斌斌,明玉君,刘俊升,2009),不是儿童自己能够选择的——他们无法选择同胞的性别,无法终结这种关系。同胞关系是个体一生中持续时间最长的关系之一(Noller, 2005; White, 2001)。同胞关系及其质量会影响儿童的心理发展,在控制了父母、朋友等人起的作用之后,同胞的影响仍然显著(Harper, Padilla-Walker, & Jensen, 2016; Kim, McHale, Crouter et al., 2007)。一项长达45年对哈佛大学毕业生进行跟踪的研究还发现,预测已经65岁的哈佛大学男性校友的幸福感的最强因素是他们在大学时期的同胞关系质量(Vaillant & Vaillant, 1990)。因此,有必要在第二个孩子出生之后就密切关注两个孩子的同胞关系及其相互影响。有研究发现,比起没有同胞的婴儿,有同胞的婴儿在没有特意指导的情况下(即自发情况下)会模仿更多的行为(Barr & Hayne, 2003)。当然,并非所有的同胞影响都是有益的。例如,有研究发现,在年长同胞在场的情况下,年幼同胞参与讨论的机会减少了很多——年幼同胞很少出声,很少对问题作出回答(Wellen, 1985)。正如克雷默等人(Kramer & Bank, 2005)曾风趣地说:"一个同胞会教另一个同胞如何系鞋带或者开锁,但这个同胞也有可能会教他的同胞学会抽第一支烟、喝第一口酒。"同胞关系具有多面性,作用可能是多角度的,影响是相互的。

对同胞关系(尤其是处在童年期和青少年期的同胞关系)与同胞心理发展之间关系的探讨,是多子女家庭研究中文献最丰富的领域之一(陈斌斌,赵语,韩雯,等,2017)。尽管我们接下去的综述中涉及的文献主要关注同胞在童年期和青少年期的情况,可能并不能完全反映同胞关系建立之初的过渡期(即第二个孩子出生后的一年里)的情况,但是同胞关系的好坏并不是在童年期或者青少年期才形成的。了解过渡期之后的同胞关系特点及其影响,能够帮助我们进一步分析过渡期同胞关系及其影响机制,以及过渡期之后同胞关系的作用。

对儿童来说,同胞关系的作用往往是矛盾的。一方面,同胞是儿童与青少年重要的陪伴者,提供社会支持;另一方面,同胞关系又往往伴随着冲突(East, 2009; Furman & Buhrmester, 1985)。一项基于童年中期儿童的经典同胞关系研究发现,陪伴、仰慕、亲社会行为以及情感寄托是同胞关系中最普遍的积极特点,而诸如敌对、争吵等消极的特点也往往在同胞关系中普遍存在(Furman & Buhrmester, 1985)。同胞对个体来说既是朋友又是亲人。总体上,同胞关系可以分为两种:一种是温暖和谐型同胞关系,另一种是敌意冲突型同胞关系(Buist, Deković, & Prinzie, 2013)。温暖和谐型同胞关系会促进儿童和青少年的各项社会发展和心理发展，为个体提供人际交往建议、支持以及社会互动的机会（Kim, McHale, Crouter et al., 2007），使他们形成良好的社会交往能力、学习能力、学校适应，有更高的自我价值感（Buist & Vermande, 2014; Graham & Coplan, 2012; Kim, McHale, Crouter et al., 2007），不易产生内化或者外化的问题行为（Buist, Deković, & Prinzie, 2013; Dunn, Slomkowski, & Beardsall, 1994）。如果儿童拥有温暖和谐型同胞关系，他们就善于用妥协的方式解决冲突和矛盾（Recchia & Howe, 2009）。即使没有完全理解冲突的主观特性，温暖和谐型同胞关系也能帮助稍年长的同胞产生积极的思考，并促使其采用更具建设性的策略去解决问题，敌意冲突型同胞关系则会阻碍问题的解决（Recchia & Howe, 2009）。温暖和谐型同胞关系还能帮助儿童应对家庭中的消极生活事件，在面对不利处境（例如，生病、事故等）时，同胞们更能紧密联系，更加友好，相互之间提供支持（Dunn, Slomkowski, & Beardsall, 1994）。单纯的同胞社会支持并不会自动促进儿童与青少年的积极发展，能实现这种作用的前提是，儿童或者青少年在同胞关系中拥有好的形象（各方面做得很好，像父母一样对待同胞）。因此，只有让儿童和青少年发自内心地感觉到来自同胞的社会支持，才能够促进他们的积极心理发展（Widmer & Weiss, 2000）。

敌意冲突型同胞关系在多子女家庭中也非常普遍，同胞间的敌意与冲突会导致个体出现一系列发展问题。过去的文献（Buist & Vermande, 2014; McHale, Whiteman, Kim et al., 2007; Vogt Yuan, 2009）一致显示，敌意冲突型同胞关系容易使儿童和青少年产生内化的情绪问题（例如，抑郁、焦虑等），它会使儿童因为冲突而感到内疚，并害怕他们与同胞的冲突会一直持续下去，从而产生无望感（Stocker, Burwell, & Briggs, 2002）。这种感觉反过来会导致消极的归因，认为同胞冲突源于他们自己的错误，而由于同胞关系是无法改变的，冲突也就无法改变，继而引发抑郁等内化的情绪问题（Nolen-Hoeksema, Girgus, & Seligman, 1992）。同时，敌意冲突型同胞关系也会引发儿童外化的行为问题，其中之一就是指向各自同胞的攻击行为。有一项多达 4 000 多人参与的青少年群体的调查发现，有 46%的参与者报告被同胞欺负过，另外有 36%的参与者报告自己有指向同胞的攻击行为（Tippett & Wolke, 2015）。此外，同胞冲突作为一种压力源，会强化并导致外化的行为问题出现在同胞关系之外的其他社会关系中，例如发生在同伴关系中。这就说明如果同胞之间容易引发人际冲突，在家庭之外的同伴关系中也会容易引发人际冲突，例如攻击、欺凌行为等（Buist, Deković, & Prinzie, 2013; Natsuaki, Ge, Reiss et al., 2009; Stauffacher & DeHart, 2006; Tippett & Wolke, 2015），甚至包括犯罪行为（Buist, 2010）。经历大量同胞冲突的儿童往往在认知发展方面出现问题，例如缺乏适宜的情感观点采择能力或者情绪管理能力，这反过来让他们发展出内化或外化的问题（Stocker, Burwell, & Briggs, 2002）。而且，元分析的结果发现，比起温暖和谐型同胞关系，敌意冲突型同胞关系的影响更强大（Buist, Deković, & Prinzie, 2013）。理解同胞冲突引发儿童行为问题的根源异常重要，因为同胞冲突会导致儿童进入反社会的发展轨迹。但是也需要注意，有些同胞冲突未必是坏事，尤其是具有建设性的同胞冲突，它们对儿童的社会性发展产生积极的作用。建设性的同胞冲突的特点是：聚焦于某个争论的问题；有管理或者解决冲突的意愿；包括敌意在内的消极情感水平较低（Howe, Fiorentino, & Gariepy, 2003; Vandell & Bailey, 1992）。同胞间发生建设性的冲突可以帮助他们发展解决冲突的技能，增强个人界限的建构，增进社会理解能力和情绪管理能力（Dunn, 1988; Dunn & Slomkowski, 1992; Hartup, Laursen, Stewart et al., 1988; Raffaelli, 1992）。这类同胞冲突应该是被鼓励的。

当然，在现实生活中，同胞关系不可能始终都是消极的、充满冲突的关系，也不可能始终都是积极的、温暖的关系。同胞之间的关系是人们生活中情感最强烈的社会关系之一（陈斌斌，2016），这种关系往往是温暖和冲突共存（Buist & Vermande, 2014; Deater-Deckard & Dunn, 2002; Feinberg, Solmeyer, & McHale, 2012）。荷兰乌特勒支大学的研究者通过聚类分析的方法发现，在他们的研究群体中有三类同胞关系，除了典型的温暖和谐型和典型的敌意冲突型之外，还有一种冲突水平与和谐水平都很高的同胞关系，被称为强烈情感型同胞关系（Buist & Vermande, 2014），这种类型的同胞关系占的比例最大。属于这类同胞关系的儿童的各种心理发展指标似乎介于上述两种典型同胞关系的儿童的心理发展指标之间。例如，强烈情感型同胞关系组儿童的社会能力水平高于敌意冲突型同胞关系组儿童，但是比起温暖和谐型同胞关系组的儿童，他们表现出较低的学业能力、自我价值以及较高的内化情绪问题（Buist & Vermande, 2014）。这一方面说明，尽管同胞之间发生了冲突，但是他们可以通过这种冲突来理解如何管理、解决冲突。同温暖和谐型同胞关系起的作用一样，这同样能够提高儿童的社会能力（Kramer & Bank，2005；Stormshak，Bellanti，& Bierman，1996）。另一方面，我们不难发现，即使同胞关系在某些情况下表现得很和谐，但是同胞之间发生冲突总会不利于他们的心理发展。典型的例子是，常参与反社会行为的兄弟间往往既会出现敌意的关系，又会出现"讲义气"的兄弟之情（Slomkowski，Rende，Conger et al.，2001）。此外，有研究还发现，由于这种矛盾的情感关系，在对敌意意图进行归因时，比起朋友，儿童往往将其更多地归因于自己的同胞；但是比起不喜欢的同伴，他们又较少将其归因于自己的同胞（Recchia，Rajput，& Peccia，2015）。所以，如何实现同胞关系中冲突与和谐的平衡，并且使其促进同胞在社会心理能力上的发展，是非常重要的事。布罗迪（Brody，1998）指出，冲突与和谐的平衡为儿童提供独特的机会去发展社会认知能力和行为能力，因为在平衡的状态下，同胞之间的冲突会帮助儿童学会和掌握管理冲突、控制不良情绪的能力，而同胞之间的和谐与支持又帮助儿童学会关心和照料、理解、帮助他人的能力。实现平衡的关键可能是要强调冲突关系与和谐关系的时效性。只有当同胞关系长期处于和谐状态，临时的、非长期的同胞冲突才不会在本质上影响同胞关系的质量，从而有利于儿童与青少年的健康发展。一旦同胞冲突长期存在，就有可能变成一种负面的机制，从而训练同胞表现出不良的行为（参见下文关于同胞关系与同胞心理发展的各种理论解释）。

除了以冲突和和谐来划分同胞关系之外，有些研究者还以关系的卷入度以及关系的平等性来划分同胞关系。(1)对于关系卷入度高的同胞,他们之间积极性水平很高,但同时还会出现中等水平的消极性;而对于关系卷入度低或者关系比较疏远的同胞,他们同时表现出低水平的积极性和消极性。他们因为各自的同胞关系的积极性和消极性水平的不同,影响个体的心理发展(McHale, Whiteman, Kim et al., 2007)。例如,在同胞关系比较疏远的家庭,这一切似乎并不会给同胞带来很高的内化的情绪问题,外化的行为问题也不是很多。又如,同样面对同胞关系疏远,年长的同胞与年幼的同胞的应对和对他们的影响是有差异的。年幼的同胞总是要比他们年长的同胞更常使用行为控制和消极的行为。这可能是因为,一方面,年长的同胞通常具有更高的自主性,他们远离那些不甘于处于次要角色的年幼同胞;另一方面,年幼的同胞用这种控制的方式吸引年长同胞更关注自己(McHale, Whiteman, Kim et al., 2007)。(2)按照同胞关系的平等性,可以将同胞关系划分为互惠关系与互补关系(complementarity,更精确的中文说法应该是层级关系)。之所以如此划分主要是因为:一方面,同胞关系具有类同伴的互惠互动特点,他们可以互相分享兴趣和其他各方面的经历(例如,对某个动画人物的喜欢和评价),这些或许是亲子互动不能分享的;另一方面,总有一个同胞比另一个同胞年长,一个比另一个有更强的主导性及较成熟的认知技能,因此,互补关系总是在同胞的互动中存在(Harrist, Achacoso, John et al., 2014; Howe & Recchia, 2005)。在冲突过程中,互补性的互动往往因为主导性的差异成为主要的解决问题的方式(Abuhatoum & Howe, 2013)。其中,主导方式包含奖励式主导、压迫式主导、合法的主导等。奖励式主导指个体通过正强化或者负强化来奖励对方，从而起到影响他人的效果；压迫式主导指当他人不服从自己时，个体采取惩罚的方式影响对方，包括心理的威胁（例如，拒绝某人加入某个群体）或者身体的威胁（例如，击打对方）；合法的主导指基于个体的权利和责任来影响对方。有一项研究发现了一个非常有意思的结果，即年幼的同胞比起年长的同胞更会使用合法的主导，这说明他们更善于使用自己的权利，而不是使用攻击性强的方式去捍卫自己的地位以及反抗年长同胞的主导行为（Abuhatoum & Howe, 2013）。总体来说，互惠关系与互补关系这两种同胞互动模式本质上没有好坏之分。同胞之间进行更趋于合作互助的互惠互动模式也会产生较健康、和谐的互补关系式互动（Howe & Recchia, 2005）。

值得一提的是，同胞关系质量与同胞心理发展之间的因果关系是比较复杂的。一种说法是，它们之间的关系是双向作用的。除了我们通常认识到的同胞关系质量对他们各自心理发展的作用之外，还存在反向的关系，也就是同胞自身的心理发展特点会反过来影响同胞关系的质量（Feinberg, Solmeyer, & McHale, 2012）。例如，温暖的同胞关系会减弱同胞的抑郁，但是某个同胞的抑郁也会导致建立缺乏温暖的同胞关系。过去的文献缺乏追踪研究，使得这一问题仍然没有很明确的答案。另外一种说法是，环境与基因在同胞关系质量与同胞心理发展之间起调节作用。例如，行为遗传学的研究发现，当同胞之间的社会情感联结很多（例如，分享自己的朋友，一起做事情），同胞之间在行为问题（例如，非法服用酒精或者毒品）上的相似性就会受到共享的环境因素的影响；但是当同胞之间的社会情感联结很少，同胞之间在行为问题上的相似性就主要受到共享基因的影响(Slomkowski, Rende, Novak et al., 2005)。

目前，有诸多的理论被用来解释同胞关系与同胞心理发展。

一是依恋理论。儿童除了与父母建立依恋关系之外，他们与长期生活在一起的同胞也会建立依恋关系或者情感的纽带(Ainsworth, 1989; Berlin, Cassidy, & Appleyard, 2008; Fraley & Tancredy, 2012)。尤其是当父母不能提供足够的温暖或者安全的港湾时，儿童就会将依恋指向同胞，与其建立强烈的依恋关系。例如，当父母过世或因生病无法承担主要照料责任，或者父母忽视儿童的成长，同胞就要负责满足儿童的基本需要，成为儿童的主要照料者(Lamorey, 1999; Sears & Sheppard, 2003; Stein, Riedel, & Rotheram-Borus, 1999)，并且同胞的支持能够弥补因缺乏父母支持而带来的负面发展结果(Milevsky, 2005)。如同与父母建立安全的依恋关系一样，儿童与同胞建立安全的依恋关系会让他们形成安全的内在加工模式，在此心理机制的作用下，他们会对自己及外部世界有积极、正向的看法，对自己更加自信，采取更加积极的策略去管理情绪，处理人际关系，这对他们的社会适应性发展具有保护和促进作用。相反，如果与同胞建立的是不安全的依恋关系，就会形成不安全的内部加工模式，在此心理机制的作用下，他们会对自己及外部世界有消极、负面的看法。对自己的消极看法包括觉得自己不值得被爱等，因而产生焦虑、抑郁等内化情绪问题；对外部世界的消极看法包括认为外部世界是不值得信任的、冷漠的，因而产生攻击、欺凌等外化行为问题。另外，安全的同胞依恋关系还会缓冲不利社会经历或者个人因素对同胞心理发展的负面作用。例如,压力生活事件会使儿童与青少年产生内化的心理问题,但是积极和温暖的同胞关系会缓冲这种负面影响(Gass, Jenkins, & Dunn, 2007; Waite, Shanahan, Calkins et al., 2011)。又如,父母的焦虑症状会导致儿童的心理适应问题,但是这只发生在儿童不能得到同胞的陪伴并且同胞之间的冲突很激烈的情况下。在同胞关系良好的情况下,这一由父母焦虑症状引发的儿童适应问题的负面效应就不那么明显了(Keeton, Teetsel, Dull et al., 2015)。也许是因为安全的同胞关系让儿童学会了成熟的社会技能以及发展出高自尊,从而能够更自信地应对不利的社会处境,缓冲某些个人因素引发的社会不适应(Graham & Coplan, 2012)。由此可见,安全的同胞依恋关系具有保护作用。

二是社会学习理论。根据班杜拉(Bandura, 1977)的社会学习理论,个体通过观察模仿他人的行为或者被强化去学会大量的社会行为、态度和信念。尤其是当个体观察、模仿和被强化的对象是那些有一定主导力、对自己态度温暖或者与自己相近的人时,这种社会学习的作用会更强烈。持这一理论观点的研究者(Kramer, 2014; Patterson, 1984; Stauffacher & DeHart, 2006)认为,同胞在互动过程中互为对方提供各种机会去学习人际交往行为和技能,学会情感表达和情绪管理,这些都会对同胞在家庭外的社会交往产生一定的影响。特别是年长的同胞照顾年幼的同胞时表现出的温暖和亲密,会促使年幼同胞认同并模仿年长同胞的行为、态度和信念。当然,我们可以看到,同胞的社会化学习会产生两种结果:一种结果是儿童通过同胞之间的相互支持和互惠利他,或者通过观察同胞的积极行为来习得社会适应性行为；另一种结果是儿童通过与同胞之间的冲突和争斗，或者通过观察同胞的不良行为来习得问题行为。例如，年幼的同胞往往会模仿年长的同胞（McHale, Updegraff, Helms-Erikson et al., 2001）；甚至在没有明显的外在指导的情况下，年幼的同胞也会模仿其他同胞的行为（Barr & Hayne, 2003）。又如，在青少年期，年幼同胞感知到年长同胞在同伴群体中很受欢迎时，年长同胞（往往是男孩）参与不良行为会与年幼同胞（往往是女孩）的不良行为之间具有正相关。也就是说，因为年长同胞在同伴群体中的社会地位，导致年幼同胞会模仿年长同胞，去参与不良的行为，以此提高自己的社会地位（Craine, Tanaka, Nishina et al., 2009）。最后，值得指出的是，对于消极同胞关系与个体的问题行为之间的联系，有一个理论对之进行了阐述，这一理论被称为"强迫理论"（coercive theory）。该理论强调同胞会通过相互强化教会对方不良行为，并且造成不良行为发展的恶性循环，不及时干预有可能很难停止并造成不良问题进一步加剧（Patterson, 1984）。最近有研究者将这种同胞作用称为"同胞训练假设"（Daniel, Plamondon, & Jenkins, 2018）。

三是社会建构理论。苏联著名发展与教育心理学家维果茨基（Lev Vygotsky）的社会建构理论（social constructionist theory）对理解儿童发展的同胞作用有重要的帮助。建构主义理论强调社会历史文化在儿童发展中的影响。所有认知能力的发展是在社会经历中获得的（Daniels, 1996），在支持性的社会环境中，儿童掌握能力并将其内化，同时将这些能力运用到其他社会情境中。如之前的文献所发现的，由于第二个孩子有一个比自己大的哥哥或姐姐，同胞之间的相

处可以丰富尚处在婴儿期的年幼孩子的成长环境。高质量的同胞互动可以促进第二个孩子各项社会技能或者认知技能的获得。尤其是对于后出生的孩子，他们可以通过与比自己成熟的哥哥或姐姐互动，获得诸多机会去观察和模仿他们的行为，这会促进年幼孩子的能力的发展。总体来说，我们可以看到社会建构理论与社会学习理论有一定的相似性，但社会建构理论更强调儿童在社会互动中被动获取社会能力和认知能力，这都与社会文化环境有关。例如，两个孩子一起玩游戏（想象性游戏、假装游戏等），在此过程中的言语对话、内心状态的表达，都可以促进儿童的各项能力的发展（Cutting & Dunn, 2006）。4岁左右的儿童与同胞之间的对话更具讨论的功能，更会考虑对方的想法（Brown, Donelan-McCall, & Dunn, 1996）。稍年长的同胞由于语言能力发展成熟，在同胞互动中会促使年幼的同胞产生更复杂、成熟的语言表达（Ruffman, Perner, Naito et al., 1998）。

四是同胞促进（sibling facilitation）理论。同胞促进理论也可以用来解释同胞对儿童的影响，它强调较年长的同胞会促进年幼的同胞获取某些行为或者能力。例如，在行为问题方面，家中年长的同胞会帮助年幼的同胞获得烈酒或者毒品，以及年长的同胞支持年幼的同胞参与这些活动（Samek, McGue, Keyes et al., 2015）；在认知发展方面，儿童通过同胞间的互动（例如，讨论交流）能够学会参考他人的心理状态，提高自身的认知能力，如社会理解能力或心理理论水平等。年长的同胞更是能帮助年幼的同胞提高社会认知能力（Foote & Holmes-Lonergan, 2003）。随着同胞年龄的增长，他们之间的促进关系将变得具有双向性。如果同胞之间的关系非常紧密，例如他们之间形成联盟关系，那么这种促进作用会更明显。此时就要看促进同胞行为或者能力发展的内容是什么了——如果是社会接受的能力（例如，成熟的思维）或者行为（例如，亲社会行为），这种促进作用就是积极的、良性的；如果是社会不接受的能力或者行为（例如，反社会行为），这种促进作用就是消极的、恶性的。这就是为什么有时候同胞之间的关系很亲密，能够感知到相互支持，但是研究者发现他们的发展结果是消极的（Widmer & Weiss，2000）。

五是社会比较理论。社会比较理论也是研究同胞关系的重要理论。社会比较理论的基本核心是，我们人类有通过比较他人来评价自己的基本社会心理（Festinger，1954）。社会比较的方式有两种：一种称为上行社会比较，一种称为下行社会比较。人们通过与比自己优秀的个体进行上行社会比较来激励自己，实现自我进步，但是它也可能带来挫折、沮丧等负面自我感受；人们通过与不如自己的个体进行下行社会比较来获得自我强化，以增强对自己的正面或积极的感受。社会比较的意义在于，我们比较的对象将在很大程度上影响我们如何看待自己或者认识自己，并影响我们的自尊。例如，一个小学生通过比较自己与同班同学的学业成绩来获得对自己学业表现的好坏以及自己的学业能力的评价。对于在多子女家庭中长大的儿童与青少年，生长在同一家庭环境中的同胞是他们极其重要的比较对象，有时候也是不可避免的比较对象。在进行比较时，同胞的出生顺序是一个影响因素。研究发现，先出生的同胞更可能使用下行社会比较，而后出生的同胞更可能使用上行社会比较（Feinberg，Neiderhiser，Simmens et al.，2000）。在同胞比较内容方面，其中一个重要内容就是同胞感知到的父母对不同同胞的不同养育投入。由于同胞共享父母的关注与养育,他们会将其他同胞视为竞争者——某位同胞多得到父母的关注与养育,其他同胞就会少得到父母的关注与养育(McHale, Updegraff, Jackson-Newsom et al., 2000),而同胞对父母的关注与养育差异的比较会影响他们的发展。另外,同胞之间能力高低的比较会自然而然地影响同胞关系。一项经典的研究发现,当男大学生报告自己的同胞在某些重要领域的表现比自己强时,他们的年龄越接近,对同胞的认同感就越低,同胞间的摩擦也相应增加(Tesser, 1980),这也许是因为他们受到了上行社会比较的负面影响(Noller, Conway, & Blakeley-Smith, 2008)。之后的一项聚焦于青少年同胞关系的研究也得到类似的结果(Noller, 2005)。参与者要求描述八种与同胞或者朋友竞争或者比较的情境,并评定他们对这些情境的积极与消极的情绪反应,以及他们继续参与这些情境中的活动时是否会看重这些活动的成败。研究结果发现,情绪反应最强的是与同胞在一起的情境而非与朋友在一起的情境,以及年长同胞的表现不如年幼同胞时的情境。这些能引发参与者高情绪反应的竞争性活动都与自尊相关联,当年长同胞的表现比年幼同胞差时,他们会更不看重这些活动的成败。可见,同胞间的比较会影响同胞关系以及同胞自身的心理和行为。值得注意的是,同胞之间的比较也反映了同胞并不完全共享相同的家庭环境,他们各自有独特的、非共有的环境,这反过来影响同胞自身的发展及同胞关系,其中一个特征就是父母的差别对待。总之,同胞之间的社会比较过程不仅对同胞关系质量有重要影响,而且受父母对不同孩子的期望以及养育行为的影响(Feinberg, Neiderhiser, Simmens et al., 2000; Whiteman & Buchanan, 2002)。

六是同胞间去同一性理论。尽管过去关于同胞相似性和差异性的研究文献表明,从行为遗传学的角度,同胞间的差异往往是由基因的不同以及环境的差异性导致的,但是一些心理学家认为,导致同胞间存在差异还很有可能是因为同胞关系的动态作用,即同胞间去同一性(sibling deidentification)的作用。它指同胞有意或无意地选择不同的生活方式,发展不同的个人特点,以显示自己是有别于其他同胞的。而同胞之所以采取这种去同一性策略是因为它能保护他们产生社会比较、直接的竞争或者嫉妒,甚至包括产生潜在的憎恨(Feinberg & Hetherington, 2000; Sulloway, 1996)。例如,如果哥哥或姐姐在数学方面能力出众,那么后出生的孩子就有可能努力避免与哥哥或姐姐产生竞争,转而在其他的学科领域,如在写作或者外语方面表现优秀。甚至有研究发现,即使是看似先天形成的气质,也存在很明显的不同孩子之间的差异(Schachter & Stone, 1985)。这种同胞间去同一性的现象往往发生在年龄非常接近的同胞组合或者相同性别的同胞组合中(Schachter, Shore, Feldman-Rotman et al., 1976)。例如,比起异性同胞组合,在姐妹同胞组合中,她们似乎有一方更易选择非女性化的职业兴趣(Grotevant, 1978; Leventhal, 1970)。同胞间去同一性现象也可能出现在异性同胞组合中。例如,在异性同胞组合中,年长同胞予以年幼同胞的支持越高以及他们的学业能力越好,其年幼同胞的学业能力就越差(Bouchey, Shoulberg, Jodl et al., 2010)。不管怎样,总的来说,因为避免了直接的竞争,同胞间去统一性现象被认为是一种能促进同胞关系积极发展的重要方式,它能够避免同胞冲突,促进同胞关系和谐。

值得注意的是,过去的研究仍然存在诸多局限或者未解决的问题。首先,过去的研究主要是在事后进行比较,以此推断同胞间去同一性现象的存在。这种“事后诸葛亮”的做法无法进行真正的因果推论。最近的研究采用了其他方法,如通过质性研究方法来深入挖掘同胞内心的真实想法(Whiteman & Christiansen, 2008),这或许是未来研究中可采用的一种方法。其次,同胞选择某种生活方式或者个性特点也许与其自身的自我概念有关。例如,我们之前提到,若哥哥或姐姐擅长数学,后出生的孩子可能会选择发展写作能力,这获得了同胞间去同一性理论的支持。但是,如果写作能力不是哥哥或姐姐看重的,也不是后出生的孩子所看重的,即都不是他们自我概念的核心,同胞间的相似或者不相似就不那么有意义了。也许此时,他们的不相似性与同胞间去同一性无关。这一问题目前并无研究者关注和解决(Whiteman, Becerra, & Killoren, 2009)。

最后,值得指出的是,不管是第二个孩子出生后的过渡期,还是之后的童年期或者青少年期的不同发展阶段,我们通过现有文献可以看到,同胞关系是非常复杂的,我们应该同时探讨社会关系中的不同维度、不同含义以及在不同时间、不同情境下的行为。例如,我们可以发现,如果将同胞之间的积极卷入看作一种紧密关系,它就会是一把双刃剑,既可能带来同胞关系中的亲密感,也可能带来同胞关系中的紧张性。毕竟,关系越紧密,一旦出现冲突,互相间造成的伤害就越大。积极卷入本身就存在非常丰富的含义,更不用说其他因素的作用了。正如有研究者（Oh，Volling，& Gonzalez，2015）指出的，第一个孩子在过渡期会对弟弟或妹妹表现出嫉妒情绪，还会有对抗行为，但是他们的嫉妒情绪或者对抗行为往往存在着个体差异，而这种差异可能来自同胞关系积极卷入的程度，以及在特定发展阶段中出现嫉妒情绪或者对抗行为的开始时间和持续时间。对于过渡期间同胞关系的研究仍然非常不成熟、不系统，需要研究者进一步分析和探讨。

第六章

# 二孩家庭起始阶段中的父母

在从一孩家庭到二孩家庭的过渡过程中,父母的角色发生了某种变化,某些家庭关系开始重组。父母角色的变化起初可能让父母感到难以应对或者不能满足两个孩子的需求,从而影响父母自身的心理健康。有研究发现,相比一孩父母,二孩父母不会生活得太容易,但也不会太困难(Krieg, 2007)。尽管会面对一些相同的经历,但是由于每个孩子都具有独特性,二孩父母不得不面对新的经历和挑战,因此一孩父母与二孩父母的养育能力并无差别(Mercer & Ferketich, 1995)。换句话说,二孩父母并不比一孩父母在养育方面有多大的优势。这进一步说明,成为二孩父母的要求独立于过去的一孩养育的能力和经验,养育一孩和养育二孩之间有明显的差异。另外,有意思的是,相比二孩父母,作为过去无养育经验的一孩父母,他们的养育能力(自我感知能否满足养育情境需要的能力)在产后半年左右有所提高;但是作为有了养育一个孩子经验的二孩父母,在第二个孩子出生后的一年内,其养育子女的能力并无明显的变化(Mercer & Ferketich, 1995)。这可能说明,相对而言,对于一孩父母,从最初的"无经验"到"有经验"的提升是相对容易的;但是对于二孩父母,从“有养育一个孩子的经验”到“有养育两个孩子的经验”的飞跃似乎要困难得多,这说明养育两个孩子遇到的情况更复杂。

## 第一节　父母的心理应对及养育方式

### 一、心理应对

在第二个孩子出生之后,父母遇到的主要问题是养育的安排。一项基于英国伦敦工薪阶层和中产阶层的母亲的调查发现,接受调查的母亲平均每天要花费100分钟用来喂养小于3个月的婴儿,并且需要投入约250分钟去怀抱或者照看婴儿(Lawson & Ingleby, 1974)。可见,母亲的大量时间投注到新生婴儿身上。尽管第二个孩子出生后,父母需要应对照顾新生婴儿的新任务,但这并不意味着他们可以忽视第一个孩子。作为父母,这涉及应对两个在发展及需要上完全不同的孩子。总体来说,父母要同时照料两个孩子时,会根据孩子实际发展阶段的需求,使用某些特定的行为应对策略。例如,当父母与两个孩子同时互动时,他们往往对第一个孩子使用言语行为,对第二个孩子使用非言语的行为(Kojima, 1999)。这一策略的使用是为了同时维系与两个孩子的关系,尽可能避免对某个孩子的偏倚。

父母在养育两个孩子时不得不遇到养育资源分配的困境。在第二个孩子发展的初期,父母分配自己的养育资源会直接引发对两个孩子关注及投入的差异,从而导致发展方面的差异。伯杰等研究者(Berger & Nuzzo, 2008)发现,在一些家庭中,后出生的同胞动作能力的发展(例如爬行和走路)要早于先出生的同胞;但是在另外一些家庭中，先出生的同胞的动作能力的发展却早于后出生的同胞。后者家庭中出现的这种同胞差异性往往是由父母养育资源分配差异导致的。在第二个孩子出生之前，第一个孩子的资源没有被分配给其他孩子，所以他们独享父母的养育资源，在发展上也就更加成熟。对于后出生的第二个孩子，父母没有给予足够的养育资源（至少同比来说，第二个孩子获得的资源少于第一个孩子），所以导致其在发展能力上不如第一个孩子。

但是，我们清楚地了解到，第二个孩子出现后的家庭生活会是一个动态变化的过程。正如前一章论述的，第一个孩子面对因弟弟或妹妹的出生而导致的父母养育分配差异会作出一系列反应，其中包括嫉妒、抵触、敌意等消极的行为。同时，父母又不得不在遇到这些情况时产生相应的心理反应。例如，母亲由于感知到自己与第一个孩子的亲子关系质量的下降，觉得失去了某些重要的、有价值的东西，产生强烈的内疚和伤感（Young, Boyle, & Colletti, 1983）。实际上，这些消极的感受反而阻碍父母有效地处理第一个孩子身上出现的行为变化，有学者将其称为二孩综合征（second child syndrome）。具体地说，二孩综合征的主要表现包括：在第二个孩子出生之后心里总是想着或者惦记着第一个孩子；担心自己在住院分娩期间无法照看第一个孩子；过于内疚而减少对第二个孩子的照顾；不能够妥善处理第一个孩子的行为变化；父亲与第一个孩子的关系更加亲密之后母亲产生矛盾及失落感，甚至产生憎恨的心理。

另外，分析第一个孩子应对弟弟或妹妹出生的行为，其背后的机制离不开父母自身的心理功能和应对方式（Hart & Behrens,

2013a；Legg，Sherick，& Wadland，1974；Volling，Oh，Gonzalez et al.，2015）。由于父母的关注转移到弟弟或妹妹身上，如果此时在应对第一个孩子的需求时表现得不敏感或者只采取直接的行为控制，就容易引发第一个孩子的嫉妒情绪与行为（Miller，Volling，& McElwain，2000）。尽管生育第二个孩子的父母似乎有了一定的经验，但是他们仍然感觉到较高的心理痛苦、压力以及较低的心理幸福感，他们甚至并不比生第一个孩子的父母感知到自己有更高的养育能力（Ferketich & Mercer，1995；Krieg，2007；Mercer & Ferketich，1995；Wilkinson，1995）。当他们正在照顾弟弟或妹妹时，如果第一个孩子过来黏着他们或者提出某些需求，母亲往往会表现得不耐烦并对其作出更多限制（Kendrick & Dunn，1980）。这似乎说明，在第二个孩子出生后，父母仍然面临诸多的挑战。

在一项较早期的研究中，研究者询问母亲生完第二个孩子之后头两个星期她们的感受（Dunn，Kendrick，& MacNamee，1981）。大约超过75％的母亲感觉疲劳，她们当中有部分人疲劳到没法应对新变化，少数人还产生了抑郁情绪。再过两周之后，疲劳逐渐减弱，但也有少数母亲的状态与两周前相差无几。另外，有超过一半的母亲汇报她们的睡眠时间在第二个孩子出生后的头一个月不足6小时。一般来说，在产后初期，母亲常会出现消极的情绪以及因经历生产后劳累而频频抱怨（Gardner，1991；Gotlib，Whiffen，Mount et al.，1989；Hopkins，Marcus，& Campbell，1984；Paulson & Bazemore，2010）。二孩母亲比一孩母亲表现出更消极的产后心理适应（Kojima，Irisawa，& Wakita，2005），还往往出现生第一个孩子时不常见的愤怒和烦恼(Gottlieb & Mendelson, 1995)。在母亲最困难的时候,她们对自己的丈夫是否提供支持特别敏感。这也是她们特别脆弱的时期,如果得不到丈夫的支持,她们就会感到愤怒。这进一步说明,在母亲分娩后的早期阶段,多了一个孩子的二孩母亲比只需养育一个孩子的一孩母亲面临更多的需求以及更大的挑战。

一些日本的研究者对母亲分娩后6个月内与第一个孩子的互动状况进行分析,划分了四个不同的类型。第一种类型(46.8%)表现为较少的亲子互动变化;第二种类型(21.3%)表现为第一个孩子的消极反应,他们向母亲表现出需要更多的身体接触;第三种类型(25.5%)表现为在母亲的积极行为下降的同时,诸如斥责等消极行为的增加;第四种类型(6.4%)表现为第一个孩子指向母亲的积极行为的增加(Kojima, Irisawa, & Wakita, 2005)。

在第二个孩子出生之后,母亲的不良生理状态和心理状态会影响其心理应对。例如,研究发现,如果母亲在第二个孩子出生后的头一个月内感到极度疲劳或者有抑郁情绪,第一个孩子就容易产生行为退缩(Dunn, Kendrick, & MacNamee, 1981)。如果父母在与儿童的互动中感到不开心,就会增加第一个孩子的伤心情绪,这说明家庭中彼此的情绪是会相互影响、互相分享的(Miller, Volling, & McElwain, 2000)。

## 二、养育方式

在这个阶段,父母的养育方式除了继续影响第一个孩子的行为和心理发展之外,还往往会对两个孩子能否建立良好的关系产生重要的影响。有研究发现，母亲在行为上（包括通过惩罚等手段）禁止第一个孩子做事情，反而会让他作出激惹新生儿的事情（Dunn，Kendrick，& MacNamee，1981）。父母应该在适当引导的前提下，让第一个孩子有独立的空间去探索，包括探索两个孩子之间的互动。日本研究者小岛（Kojima，2000）提出了一些父母调整第一个孩子的心理应对的策略，以促进同胞关系良好发展。

第一个策略是引导一个孩子关注另一个孩子的行为和情绪状态。这里不是指直接控制同胞的互动，而是促进某个同胞对另一个同胞的内在状态的注意或者兴趣。对于第一个孩子，若能够理解自己的弟弟或妹妹的情绪表达，就更可能恰当地评价年幼的弟弟或妹妹的感受，从而能够控制和调节指向他们的行为，最终作出积极的行为。

第二个策略是鼓励同胞互动。它指父母说服一个孩子能够用亲社会的方式跟另一个同胞互动。要特别注意的是，父母应该成为同胞之间互动与沟通的协调者，而非主导者；应该尽量发挥两个孩子发展同胞关系的主动性。

第三个策略是将一个孩子的注意力从另一个孩子身上转移出来。这里指在发生同胞冲突之前，父母适当干预，避免他们用敌意的方式对待自己的同胞。这种方式往往出现在第一个孩子对弟弟或妹妹作出消极的、敌意的行为时，母亲通过转移弟弟或妹妹的注意力来避免他们受到伤害以及习得不良的行为。另外，有些学者指出，当第二个孩子逐渐学会说话之后，父母应该开始在干预同胞关系时设置某些行为规范，让他们建立适宜的行为习惯。例如，鼓励第一个孩子参与照料弟弟或妹妹的养育活动，赞扬某些积极的、亲社会的同胞互动行为(Kramer & Radey, 1997)。除此之外，还要传递社会准则，毫不偏倚地制定所有孩子都应该遵守的准则(Kreppner, Paulsen, & Schuetze, 1982)。

除了过渡期内父母的养育方式对早期同胞关系的影响的研究外，更丰富的文献源自童年期和青少年期的同胞关系研究文献。为了更好地了解父母的养育对同胞关系的影响，笔者简要地对相关内容做一些介绍。

第一，父母的育儿方式会影响同胞间的(游戏)互动。布罗迪等人(Brody, Stoneman, & MacKinnon, 1986)通过观察两个同胞在不同游戏环节的互动来分析造成同胞互动差异的母亲养育因素。他们发现，母亲常鼓励孩子保持好奇心以及对外界事物持开放态度，会促使第一个孩子在游戏中作出更多助人的行为，以及作出更多指导弟弟或妹妹游戏的行为；若母亲很少使用惩罚作为教育子女的方式，则第一个孩子对弟弟或妹妹作出敌意行为的可能性也会降低很多。但是父母要注意尽量避免儿童参加容易产生竞争的游戏，因为游戏的竞争性越强，同胞之间的敌意行为就会越多(Brody, Stoneman, & MacKinnon, 1986)。这一点是非常重要的，在第二个孩子还处在婴儿期的时候也是如此。第一个孩子在身体和心理方面都占据着主导的地位，因此父母在同胞游戏中应该尽量考虑他的心态，同时较公平地引导他与弟弟或妹妹和谐相处，这是父母需要处理的问题。其中一种解决办法是，排除游戏本身存在的角色不对称性(Brody, Stoneman, & MacKinnon, 1986)。例如，一些非规则性的游戏可以发挥各自所长及所能(例如,玩乐高玩具),不会过多地依赖某个个体的认知水平和行为能力。当然,随着两个孩子年龄的增长,规则性的游戏以及可能的不对称性的角色关系也会有助于两个孩子各自的成长(例如,可以培养第一个孩子的组织能力以及传递信息的能力)。另外,对于稍年长的童年期儿童,应该采用自主性—支持性的养育模式,这样可以满足儿童的心理需求,反过来促进同胞之间自主性—支持性的互动(van der Kaap-Deeder, Vansteenkiste, Soenens et al., 2015)。

第二,对于同胞之间的问题和冲突,采取鼓励和谐关系、自主解决的策略有助于同胞关系的发展。宾夕法尼亚州立大学的麦克黑尔等人(McHale, Updegraff, Tucker et al., 2000)发现,发生同胞冲突时,父母解决冲突的方式有三种。第一种是不卷入(告诉同胞自己解决冲突),使用这种方式的父母往往持一种给孩子自主权的价值观。如果父母使用这种冲突解决方式,同胞之间的亲密性似乎相对较高,但是这与同胞各自的特点有很大关联,这种方式也许只适用于原本就相处比较好的同胞。第二种是干预(介入并解决问题),使用这种方式的父母往往持一种孩子要服从安排的态度,而这种方式常加剧同胞冲突的发生,不利于同胞关系的改善。但麦奎尔等研究者(McGuire, Manke, Eftekhari et al., 2000)发现,在同胞冲突中,父母干预往往是最普遍的结束冲突的方式。第三种是指导(给出如何解决问题的建议),这种方式与我们常说的“授之以渔”类似,对儿童期正在学习新的社会技能的同胞来说比较适用;但是对于处于青少年期的同胞,实际的研究结果并未得到很强的证据证实这是一个很

好的策略。

除了这三种父母解决冲突的方式,有研究者例如克雷默及其同事(Kramer, Perozynski, & Chung, 1999)发现,在同胞发生冲突时,如果父母采取被动不干预的方式,最有可能在此之后还会发生同胞冲突。这与麦克黑尔等人提出的第一类解决冲突的方式——不卷入的结果似乎有矛盾,但实际上这两个研究是有显著区别的:一方面,这两个研究的样本所属年龄群体是不一样的。在麦克黑尔等人的研究中,样本属于青少年群体;而在克雷默等人的研究中,样本属于儿童群体。前者处在青春期,更强调自主性和独立性,父母不卷入更符合同胞的心理需求;后者处在童年期,尤其是第二个孩子的年龄只有3—5岁,第一个孩子比其年长2—4岁,在解决冲突方面尚不成熟,缺乏管理冲突的技能。如果父母在同胞发生冲突时放手不管,将不利于同胞自行解决冲突和矛盾,不利于同胞习得冲突解决的方法和技能。另一方面,这两种不卷入的方式是有区别的。麦克黑尔等人的研究中的不卷入是强调具有自主性的不卷入,是一种主动不卷入,父母也许还会告知孩子,如果他们需要调解或者自己无法成功解决冲突,父母可以帮助他们;而克雷默等人的研究中的不干预是被动的,处于完全放任或者忽视的状态,孩子也没有获得父母关于他们冲突的任何关注或者信息,甚至他们会预期父母默认他们之间会发生冲突。因此,对于年龄都较小的同胞,父母要积极参与解决他们的冲突,有时候,只要父母在场,发生同胞冲突的频率就比父母不在场低很多(Howe, Fiorentino, & Gariepy, 2003)。

研究发现,如果父母与同胞在良好、积极的家庭氛围中讨论同胞之间出现的问题，采取开放的讨论方式，相互理解和体谅各方意见，父母只做适当的调控，将有助于同胞关系的改善，避免发生同胞冲突(Brody, Stoneman, McCoy et al., 1992)。

第三，努力建立积极的亲子关系。父母与两个孩子建立良好的亲子关系会有助于他们之间建立积极的同胞关系，而非建立消极的同胞关系(Brody, Stoneman, & McCoy, 1994; Volling & Belsky, 1992)。父母要让儿童感受到他们是被接纳的、被理解的，这样有助于建立亲密的同胞关系(Kim, McHale, Osgood et al., 2006)。尤其是要建构养育过程中的家庭积极情感氛围(Jenkins, Rasbash, Leckie et al., 2012)；在家庭互动中，要避免父母与儿童之间的冲突，如同家庭系统中溢出理论所阐述的，亲子冲突同样会阻碍同胞关系的发展，导致同胞关系质量降低(Kim, McHale, Osgood et al., 2006; Tippett & Wolke, 2015)。最后，父母需要不断地更新养育经验和知识，这样才能从容解决与同胞关系相关的问题，提高同胞关系的质量(McHale, Whiteman, Kim et al., 2007)。

第四，父母与同胞的互动要同步或者匹配。个体的社会行为取决于互动双方各自的贡献的本质，一方的行为总是与另一方的行为相关联。如果一方的行为能够表现出对另一方行为的敏感性，那么说明双方的行为是同步的。以同胞之间的同步为例，某个同胞表现出友好的行为，而另一个同胞也以友好的方式作出反馈，就达成一种行为的同步；但是如果一方的友好行为没有被另一方以友好的方式反馈，双方的行为就缺乏同步性。同样的道理，在父母养育行为对同胞关系的作用方面，同步性表现在父母的行为管理与同胞互动具有匹配性上，即当父母通过亲社会或者积极的互动方式管理同胞关系，而同胞们也积极地卷入友好的行为中时，就实现了行为同步（Howe, Aquan-Assee, & Bukowski, 2001）。

第五，父母学习经验的作用。由于家庭系统的动态性，儿童也会影响父母的期望、知识以及养育行为，反过来又作用于儿童的发展。换句话说，在养育先出生子女的过程中父母习得了养育孩子的经验，在养育后出生子女时进行一定的调整或者保持原有模式。例如，有研究发现，父母已经历了先出生的子女顺利长大并度过青少年期，则很少预期后出生的子女在青少年过渡期会有情绪或者行为问题（Whiteman & Buchanan, 2002）；同比（也就是对两个年龄不同的孩子，在相同的发展阶段进行横向比较）结果显示，此类父母拥有更有效的养育经验（Shanahan, McHale, Osgood et al., 2007; Whiteman, McHale, & Crouter, 2003）。针对后出生孩子的养育预期或行为发生改变是因为父母习得与积累养育经验后，其效能感显著提升，所以父母认真总结过去的养育经验，对他们抚养之后出生的孩子具有一定的指导作用。

## 三、差别养育

在多子女家庭中，父母对待孩子的方式总是不同的，没有两个孩子会经历完全一样的教养环境（Plomin & Daniels, 1987）。在二孩家庭中，探讨父母的影响不仅要关注父母与某个孩子的关系，更要关注父母是如何同时对待两个孩子的，这体现为家庭生活中是否存在"差别对待"（differential treatment）。差别对待可定义为父母在情感、投入或者管教等方面更多地指向某个孩子，而更少地指向其他孩子（Kowal, Kramer, Krull et al., 2002; Shanahan, McHale, Crouter et al., 2008）。如果家中一个孩子发现，自己得到的父母的积极教养少于另一个孩子，那么即使父母采用的是积极的教养方式，也未必有好结果。已有的研究发现，差别对待的影响远远超过父母教养方式本身的影响（McGuire, Dunn, & Plomin, 1995）。另外，最近一项元分析已经发现，父母的差别对待与子女的各种情绪和行为问题都有关联（Buist, Deković, & Prinzie, 2013）。父母对两个孩子的比较是不可避免的，而这又会反过来影响教养行为以及亲子关系。当然，也可能存在相反的影响机制（Majdandžić, van den Boom, & Heesbeen, 2008）——父母对特定的孩子采取某种教养方式，导致儿童产生特定行为，从而使父母感知到孩子之间的差别或者相同之处。

差别对待在不同领域呈现出不同特性，包括情感差别、纪律规范差别、同胞特权差别、家务活差别以及与父母一起活动时间上的差别等（Tucker, McHale, & Crouter, 2003）。例如，研究发现，一方面，也许考虑到第一个孩子在年龄上稍长，超过64%的母亲以及58%的父亲会给予他更大的特权，但是同时，他往往被分配做更多的家务活；另一方面，考虑到第二个孩子相对来说需要更多的照料，故超过一半的父母在情感投入上更偏爱第二个孩子。此外，总体而言，超过一半家庭的父母以相同的纪律方式对待不同年龄的孩子。最后，值得注意的是，不同于其他领域的差别对待，父母在与儿童相处的时间分配上往往呈现这样的补偿模式，即如果父母一方花更多时间在第二个孩子身上，另一方就会在第一个孩子身上花更多的时间（Tucker, McHale, & Crouter, 2003）。我们不难发现，父母对待两个孩子的方式存在着领域特性。

两个孩子稍年长之后(例如,进入童年期或者青少年期),父母的差别对待对其各自的心理发展的影响的研究文献已经积累了不少(Brody, Stoneman, McCoy et al., 1992; Jeannin & van Leeuwen, 2015; Jensen & Whiteman, 2014; Kowal, Kramer, Krull et al., 2002; Plomin & Daniels, 1987; Reiss, Hetherington, Plomin et al., 1995)。父母的差别对待具有一定的稳定性。也就是说,父母如果在最初的童年期对某个孩子有偏爱,那么随着两个孩子的成长,即使到了一定年龄,这种偏爱仍然存在(McGuire, Dunn, & Plomin, 1995),而且似乎可能影响其成年期的诸多生活经历(Rauer & Volling, 2007; Shanahan, McHale, Crouter et al., 2008)。有些研究者指出,差别对待会产生一种“同胞壁垒”(sibling barricade)现象(Feinberg & Hetherington, 2001; Reiss, Hetherington, Plomin et al., 1995)。具体来说,即父母对某个同胞的教养方式会以相反的作用机制影响另一个同胞的社会心理发展结果。举个例子,父母对某个同胞采取消极的教养行为,这会导致另一个同胞的行为发展更加积极。这似乎是一种比较奇特的多子女家庭现象,其可能的原因是,不管儿童接受怎样的父母教养,儿童都想比自己的同胞做得更好。也有一些研究依据社会比较的观点解释父母差别对待对同胞发展的影响(Feinberg, Neiderhiser, Simmens et al., 2000)。这种社会比较可能导致儿童表现得更好,以吸引父母对自己的关注。

实际上,父母的差别对待在儿童还非常年幼时就产生了。上述这些在稍年长同胞中出现的现象,也许在同胞间年龄相差不大并处在过渡阶段的二孩家庭中也会存在。尤其是当第一个孩子面对弟弟或妹妹的降临，他们可能会经历父母养育行为的变化，同时还可能关注父母怎样养育年幼的弟弟或妹妹，比较这之间的差异，而这些都将影响他们自己的社会心理发展（Volling, 2012）。

有一项研究分析了父亲对平均年龄为 36 个月大的学步儿与其 12 个月大的同胞的养育行为对学步儿的社会行为的影响。他们发现，在父亲展现敏感的养育行为时，学步儿出现更多的顺从行为，并且更愿意与他们的年幼同胞分享，但是这种情况仅发生在父亲对其年幼的同胞展现较不敏感的养育行为时（van Berkel, Groeneveld, Mesman et al., 2015）。出现这一结果的原因，除了刚才论述的同胞壁垒现象或者社会比较效应外，也许还有其他原因——对于社会认知能力比较成熟的学步儿，他们可以通过自己的亲社会行为来弥补自己的弟弟或妹妹，这对他们来说是一种公平的方式。

差别对待还会引发同胞间的嫉妒行为和冲突（Brody, Stoneman, McCoy et al., 1992; Miller, Volling, & McElwain, 2000; Rauer & Volling, 2007; Stocker, Dunn, & Plomin, 1989）。研究者设置一种情境，让一个长相非常像婴儿的玩具娃娃作为竞争对手，操纵母亲对这个玩具娃娃的注意水平以表现其差别对待（例如，母亲抱着玩具娃娃，用充满积极感情的言语与玩具娃娃互动，对它充满了感情，同时忽视自己的孩子）。即使是非常年幼的婴儿（10 个月左右），也能引发他们的嫉妒行为和情感，他们看起来非常痛苦，试图靠近母亲并要触碰母亲（Hart & Behrens, 2013a）。在类似这样的以玩具娃娃为竞争者的情景中，母亲的差别对待引起的婴儿的痛苦比起与母亲分离导致的痛苦要强烈得多，持续的时间也更长（Hart & Behrens, 2013b）。这似乎说明，父母差别对待对儿童产生的影响远大于亲子分离所产生的影响，对儿童来说父母差别对待是一个更大的挑战。值得一提的是，比起用真实同胞作为竞争者，使用玩具娃娃能够排除诸多由真实同胞所导致的不可控的因素和变异，同时还能避免因真实同胞行为引发的父母相应养育行为的不良后果，以及因同胞竞争而对真实同胞作出具有伤害性的攻击行为（Hart & Behrens, 2013a）。这一情景操纵模式已经在诸多研究中使用过。

值得强调的是，即使在第二个孩子出生之前已建立良好的亲子关系，但是由于第二个孩子出生之后，父母与第一个孩子的亲子关系变化实在太大，也可能会出现似乎很意外的结果：第二个孩子出生之前亲密的亲子关系反而会对后续的同胞关系发展带来负面影响。让我们更仔细地了解一下这项研究（Dunn & Kendrick, 1982）：在第二个孩子出生之前以及出生之后不久的日子里，对一些女孩来说，如果母女在互动中表现出高的联合游戏水平和高的联合注意水平，那么在第二个孩子 14 个月大时，同胞关系的友好水平会非常低。同样，母亲与第二个孩子的关系越亲密，同胞关系就越糟糕。与之相反，在第二个孩子出生之前以及出生之后不久的日子里，作为第一个孩子的女孩，如果其亲子关系较差，她们与年幼同胞的关系反而非常友好。这可能是因为原本指向第一个孩子的母女亲密关系因为第二个孩子的出生而指向了新生婴儿，导致第一个孩子与母亲的亲子关系质量急剧下降，这种反差带来的后果是，第一个孩子出现嫉妒以及把第二个孩子看作竞争对手。但是，值得注意的是，这一研究结果并不是说，母亲应该在第二个孩子出生之前就与第一个孩子建立消极的亲子关系，而是强调母亲在第二个孩子出生之后要减少这种大的反差，平衡两个孩子不同的需要。另外，如下一章所强调的，应该重视父亲对第一个孩子养育的参与度，增强父子关系，缓解母亲的压力。

过去在非二孩过渡阶段的研究中曾发现，儿童感知到父母是否会差别对待会对儿童自身发展以及同胞关系有一定的影响（Kowal & Kramer, 1997; Kowal, Kramer, Krull et al., 2002; McHale, Updegraff, Jackson-Newsom et al., 2000）。儿童越能感知到父母的养育行为是公平的，他们就越少出现外化的行为问题，会有越高的自尊，同胞之间的关系也会越好。这似乎说明，父母是否认为自己平等地对待每一个孩子并满足他们各自不同的需要并不重要，重要的是儿童自己能够体察到父母的平等对待，感受到各自的需要得到了满足。这样的研究结果应该能够扩展到二孩出生过渡阶段中父母的差别对待问题上。具体来说，对于第一个孩子，父母如果能够让他感知到，父母更偏向弟弟或妹妹是公平的，因为比起自己，弟弟或妹妹更需要父母的照顾，就会避免他产生消极的行为和心理问题。

鉴于父母的差别对待对儿童发展所具有的负面作用，回答是什么因素造成父母的差别对待，尤其是哪些因素使同胞感知到父母的差别对待就显得尤其重要。儿童本身的特点、父母的人际资源、家庭情境因素等诸多方面都会对此产生影响。首先，儿童的气质、同胞的年龄差、同胞的性别组合等儿童个人因素是引发父母差别对待的重要因素（Atzaba-Poria & Pike, 2008; Jenkins, Rasbash, & O'Connor,

2003)。例如,詹金斯等人(Jenkins, Rasbash, & O'Connor, 2003)的研究发现,在跨性别同胞组合(一男一女)中,父母对男孩的投入明显低于对女孩的投入,也就是男孩比女孩得到父母更多的消极养育。这也许是因为男孩更易出现外显的行为问题,所以得到父母的"特别"关照(也就是更容易承受父母消极的养育行为,例如惩罚、严厉批评等)。其次,父母自身的特点,例如容易愤怒、感觉不到幸福等个人状态都会导致差别对待的产生(Atzaba-Poria & Pike, 2008)。再次,家庭的混乱状况会引发差别对待。父母投注到每一个孩子身上的时间、注意、耐心和支持是有限的,一旦父母感知到生活的巨大压力,就会在亲子投入方面出现紊乱。有研究发现,如果家庭环境比较混乱(表现为在家庭心理氛围上缺乏规律和组织,在家庭物理环境中充斥着混乱和噪声等),会使父亲更容易产生差别对待(Atzaba-Poria & Pike, 2008)。这也许说明,对于一个白天在外工作的男性,若其工作压力不仅不能在家庭中得到缓解,反而因家庭环境的混乱而倍增,就可能会无意中采取不平等的行为,更容易根据自己的偏爱或者儿童的特点差别对待他们。与家庭混乱状况相关联的另外一个因素是不良的家庭经济状况,经济压力会导致父母的差别对待(Jenkins, Rasbash, & O'Connor, 2003)。最后,对婚姻不满意往往会导致父母的社会资源减少,并且父母之间不能相互支持,这反过来影响亲子关系并限制对不同孩子的亲子投入上的相似性,导致将有限的资源投注到某个特定的孩子身上。例如,有研究发现,婚姻满意度越低,差别对待的程度就越高(Jenkins, Rasbash, & O'Connor, 2003)。又如,单身母亲更容易对两个孩子差别对待(Atzaba-Poria & Pike,

2008)。甚至有研究发现,在婚姻有问题的家庭中,作为满足某种情感需要的方式,父母中的一方可能会与某个孩子建立某种联盟,排斥其他的家庭成员。当某个孩子获得父亲或母亲的偏爱,同胞间的这种差别对待就会出现并发展起来(Kitzmann, 2000)。可见,家庭混乱和婚姻质量不满意引发的父母的心理压力会降低他们对孩子需求的容忍度,导致他们缺乏协商的能力,最终用不平等的方式对待两个孩子。当这些家庭内部的不利因素累积起来时,会增加差别对待的发生风险。例如,对婚姻不满意连同经济方面的压力会进一步加剧父母的差别对待(Jenkins, Rasbash, & O'Connor, 2003)。值得注意的是,父母的教养指向某个同胞时会通过多种过程影响其他同胞的行为,其机制可能是通过影响整个家庭氛围来实现对特定同胞的影响(Feinberg & Hetherington, 2001)。因此,值得在未来的研究中更多地从多个影响过程和机制出发分析差别养育的影响因素及其后果。

## 第二节　亲子关系

### 一、亲子关系的变化及其影响因素

第一个孩子与父母的亲子关系质量的重要性是显而易见的——它对于第一个孩子面对弟弟或妹妹出生产生什么样的心理反应非常重要。邓恩等人(Dunn & Kendrick, 1982)发现,在弟弟或妹妹出生之前,如果第一个孩子与母亲的关系已经出现问题,在弟弟或妹妹的出生后,就容易引发第一个孩子的消极反应。在出生后的头一个月,对抗、冲突等行为在亲子关系较差的家庭中会特别明显。而在弟弟或妹妹出生之前亲子关系良好的家庭中,第一个孩子往往能更好地应对新增的心理压力,出现更积极的反应。可见,亲子关系是非常重要的。但是,在第二个孩子出生之后,亲子关系又会不可避免地发生变化。

在第二个孩子出生之后,母亲的主要精力将用来照顾新生儿,这势必导致在家庭系统中第一个孩子与母亲的亲子关系发生变化,甚至受到威胁(Baydar, Greek, & Brooks-Gunn, 1997)。假设在一个家庭中,母亲每天晚上 8 点都会给第一个孩子讲睡前故事,即使在弟弟或妹妹出生之后,母亲仍然坚持这么做。但是随后,母亲每天晚上给第一个孩子讲睡前故事的时候都会被新生婴儿的哭声打断,母亲不得不停下来,去抱正在哭泣的婴儿。如果第一次发生,也许第一个孩子能够理解弟弟或妹妹还小,需要妈妈的照顾。但是如果这样的事情连续几天发生,第一个孩子势必会受到负面的影响,开始对自己与母亲的关系产生怀疑。

一项非常早期的 20 世纪 40 年代的研究曾探讨了新生儿出生前后,对于已出生儿童,母亲在态度及行为方面的改变(Baldwin, 1947)。该研究使用了 30 种不同的养育量表记录了怀孕前一年(时间 1)、怀孕期间(时间 2)、出生之后(时间 3)母亲的状态。追踪数据的分析结果是,从时间 1 至时间 3,母亲在所有与温暖(例如,情感支持、接纳等)相关的量表上的得分,以及与已出生儿童交流的持续时间和强度上的得分,都呈现显著下降的趋势。同时,母亲对已出生儿童的限制、压迫性行为、惩罚的严重性等方面的得分显著上升。这说明，随着家庭中新的子女的出生，母亲对已出生子女的情感投入随之下降，消极的亲子关系逐渐产生。

另一项较早期的追踪研究聚焦于父母指向两个孩子的行为(Lasko, 1954)。最显著的结果是，从横向比较来看，母亲对第二个孩子的情感温暖度远高于对第一个孩子的情感温暖度；而从纵向比较来看，相对来说，父母养育第二个孩子的行为在整个追踪阶段较平稳，具有连续性，但是对于第一个孩子，父母与他们的亲子互动在第二个孩子出生之后发生了突然的变化。类似的结果也出现在肯德里克和邓恩(Kendrick & Dunn, 1980)开展的基于英国 40 户二孩家庭的经典研究中。他们发现，在第二个孩子出生后，母亲与第一个孩子的联合注意时间和联合游戏时间大大减少，即使在没有照看第二个孩子的情况下，母亲与第一个孩子的互动水平也非常低。

在某种程度上，在第二个孩子出生之后，因为父母与第一个孩子的亲子关系发生了巨大的变化，才继而导致第一个孩子的行为问题。例如，有研究显示，同胞的出生不会直接影响先出生子女产生行为问题，但是它通过亲子关系的变化起作用，例如母亲在过渡期内经常使用体罚等措施会增加先出生子女的行为问题(Baydar, Greek, & Brooks-Gunn, 1997)。也就是说，新的同胞出生本身不会影响第一个孩子的行为，但是如果在弟弟或妹妹出生之后父母与第一个孩子的关系发生了变化，就会通过亲子关系影响其行为。

亲子关系会受到其他诸多因素的影响。两个孩子的出生年龄间隔非常小(9—18 个月)或者非常大(43 个月以上)，都会使第二个孩子从父母那里获得更多的关注和照料(Lewis & Kreitzberg, 1979)。

出生年龄间隔非常大时,父母的差别养育是可以理解的。因为第一个孩子的年龄大到足以独立,很少需要父母更多的关注;相反,他们可能更需要自我空间和自由。先不考虑这是否对第一个孩子产生负面的影响(可以参见上一节中的讨论),在同胞出生年龄间隔非常大的情况下,父母投入更多精力照顾第二个孩子至少是可以理解的。那么为什么在两个孩子出生年龄间隔非常小的家庭中,父母也会对第二个孩子投入更多呢?研究者的解释是,父母会将这两个年龄非常接近的孩子看作类似双胞胎一样的存在,同时照顾他们,而在这种模式下,在面对更幼小的孩子时,父母的偏爱相对更明显。但是也有研究指出,当两个孩子的出生年龄间隔过小时,第二个孩子不会对父母的投入差异有太多的反应,反而是第一个孩子对父母的差别对待异常敏感。因此,对母亲来说,她们在此阶段往往应该更多地关注和照顾第一个孩子,避免让他感到父母的关注减少了(Wagner, 1998)。

## 二、依恋是亲子关系中重要的情感纽带

在亲子关系中,其中最重要的关系就是亲子依恋。新生同胞出现后,第一个孩子如何应对以及如何与其建立同胞关系都将取决于目前的家庭关系环境与两个孩子各自心理发展特点的动态交互作用(Sroufe & Fleeson, 1986)。其中,在家庭关系环境层面上,早先的依恋关系以及因第二个孩子出生而发生的依恋关系变化或者不变化的整个亲子依恋发展过程都将继续影响第一个孩子的应对。

有研究者指出,不仅儿童与照料者的客观或者实际的身体分离会激活依恋行为系统,儿童因照料者去照顾自己新生的同胞而对亲子关

系作出的主观心理评价（例如，母亲是否关注自己，是否会回到自己身边，等等）也会激活依恋行为系统（Volling, Yu, Gonzalez et al.,2014）。鲍尔比（Bowlby, 1969）曾论述道，对于大多数年幼的儿童，仅仅看到自己的母亲怀抱着另一个婴儿就足以引发强烈的依恋行为。

泰提等人（Teti, Sakin, Kucera et al., 1996）率先对此问题进行深入的分析。在他们的研究中，一共有 194 户中产阶级的二孩家庭参与追踪调查，第一个孩子的平均年龄为 32 个月。第一次调查在母亲怀第二胎 7—8 个月时，第二次调查在第二个孩子出生后 2—3 个月时。他们使用 Q 分类法测量了这两个时期亲子依恋关系的质量。调查结果的确发现，学前期儿童与母亲的依恋关系随着第二个孩子的出生而出现质量下降的趋势，并且这种下降趋势受到第一个孩子年龄大小的调节。具体地说，2 岁以上组的儿童其依恋质量下降趋势要比小于 2 岁组的儿童更明显。换言之，对于 2 岁以下的儿童，在弟弟或妹妹出生之后，他们并未明显出现消极的亲子关系。这似乎说明，幼儿在自己的弟弟或妹妹出现之后是否产生以前独享的父母之爱受到威胁或者将被父母忽视的心理感受，取决于儿童是否有一定的高级社会认知能力，而这种能力在小于 2 岁的儿童身上并未发展成熟。当然，泰提等研究者（Teti, Sakin, Kucera et al., 1996）也指出，这并不排除等那些小于 2 岁组的儿童逐渐长大，他们年幼时未出现的消极依恋关系在年长之后逐渐显现出来。目前尚未有研究对这个问题予以解答。对于大于 2 岁的儿童，如果出现依恋关系质量的下降，应该避免造成其内部加工模式进一步受到严重影响和发生永久性改变，需要母亲即刻协同儿童一起重新建立并调整亲子关系及相互的角色，使得在弟弟或妹妹出生之后发生变化的家庭模式重新建立起来，并促使建立有效而积极的亲子关系。

沃林及其同事（Volling, Yu, Gonzalez et al., 2014）基于依恋理论对第二个孩子出生1个月后，第一个孩子针对母亲或者父亲与新生婴儿的互动作出的行为反应进行了分析，他们运用潜在剖面分析（latent profile analysis, LPA）建构模型，发现存在四种类型的反应模式，它们分别是调节—探索型、破坏—调节紊乱型、接近—回避型以及焦虑—黏人型。调节—探索型模式是最普遍的反应模式，60%的孩子的反应模式都属于这种类型。他们往往表现出高水平的探索游戏行为，常常非常安静、自由地玩着附近的玩具，在父母与新生婴儿互动时表现出中等程度的监督和靠近，并伴随很少的破坏性行为。接近—回避型模式占的比例约为33%，这类儿童会表现出较多的监督行为和较少的探索游戏行为，在父母与新生婴儿互动时表现出中等程度的监督与靠近，寻求父母对自己的关注和安慰。此外，比起调节—探索型儿童，这类儿童还存在较多的破坏行为。父母与新生婴儿的亲密互动会激活他们的依恋行为，使他们时刻监督并企图靠近父母，寻求接触。他们似乎感受到新生婴儿带来的威胁，不能够自由地探索外部世界，缺乏自信。同时，他们在社会互动中非常安静，并出现退缩行为。与这种类型的儿童相似的是焦虑—黏人型儿童，但所占比例不高。他们表现出来的监督行为在四类儿童中最多，有非常强的欲望要靠近父母，与其互动，自己的独立探索行为非常少；他们对父母与新生婴儿的互动的兴趣大于对外部探索或者游戏的兴趣。主要原因是依恋行为系统被激活之后，他们表现出很激烈的与依恋相关的行为，试图一直接近或者靠近母亲，在身体接触中混杂着对抗和要求。破坏—调节紊乱型模式所占比例在这些类型中是最低的，主要特征是表现出最多的破坏行为。另外，在父亲与新生婴儿的互动中，第一个孩子的反应模式还出现一种新类型，即寻求关注型。这种类型的孩子往往会异常紧密地监督父亲与新生婴儿的互动，试图将父亲的关注转移到自己身上，还伴随着积极的接近行为和中等程度的探索游戏行为；除了有些焦虑，他们很少出现反抗或者破坏父亲与新生婴儿的互动的行为。之所以会在父亲与儿童的互动中出现这种类型的孩子，可能与父亲本身不能容忍孩子在身体上总是黏着自己或者总是表现出痛苦情绪有关，所以这类寻求关注型儿童就可能在与父亲的互动中学会在保持一定距离的条件下获得情感抚慰。

随后研究者对不同类型儿童的问题行为进行比较，发现接近—回避型儿童的问题行为（包括退缩行为、攻击行为、睡眠问题等外化和内化的问题行为）在新生婴儿 4 个月大时最多。只有一个例外是，破坏—调节紊乱型儿童的攻击行为和注意问题相对更多。另外，调节—探索型儿童的安全依恋水平是最高的；焦虑—黏人型儿童在第二个孩子出生之前表现出较低水平的父子安全依恋，但似乎又表现出较高水平的母子安全依恋。在父亲的眼中，他们有较多的退缩行为、睡眠问题，更具攻击性。

亲子依恋受到父母的社会心理功能及质量（例如，父母的亲子投入、父母的婚姻质量等）的影响（Chen & Chang，2012；王燕，陈斌斌，2013）。泰提等人（Teti，Sakin，Kucera et al.，1996）的二孩追踪研究发现，第二个孩子出生之后的母亲情感卷入会提高第一个孩子的亲子依恋质量，而在此阶段母亲的精神病理症状会降低第二个孩子的依恋关系质量。此外，在第二个孩子出生之前父母的婚姻质量以及母亲的情感卷入状况，都会提高第一个孩子在第二个孩子出生之后与母亲的依恋关系质量。这些结果说明，首先，在第二个孩子出生之前，父母处理好婚姻关系，避免让儿童产生进一步的压力是非常重要的。其次，母亲自身的心理状况非常重要，尤其是在其第二个孩子出生之后，若自身心理适应不良，就会阻碍亲子关系朝着安全的方向发展。因此，母亲要学会及时调节情绪和心理不良状态，尽量避免让第一个孩子因感受到母亲不良的情绪而产生不安。最后，不管是第二个孩子出生之前还是出生之后，母亲对第一个孩子的情感卷入始终会影响她与其建立良好的依恋关系。这是非常容易理解的——一旦母亲的情感卷入减弱，势必让儿童感受到母亲情感投入的减少，从而产生不安全感。有研究者从母子关系的角度进行研究，发现如果学龄期的第一个孩子与母亲的关系是互动型，母亲尊重其需求和感受，两个孩子的关系就会更融洽（Murphy, 1993）。因此，在第二个孩子出生之后，母亲应尽可能继续保持积极的情感卷入，这将有利于维持安全的依恋关系。

犹如其他依恋研究所发现的，安全型依恋有助于儿童的适应行为。例如，有研究发现，在应对同胞的竞争型时，例如研究中研究者让母亲照顾玩具娃娃，建立了不安全型依恋的儿童表现出更高水平的要靠近母亲的行为以及更多的去触摸母亲的行为（Hart & Behrens, 2013a）。当然，根据依恋理论，母亲只关注其他同胞、忽视自己是一个危险的信号，儿童的依恋行为系统会被激活，他们会作出上述这些行为(Bowlby, 1969)。但是,对于建立了不安全型依恋的婴儿,他们的这些行为会表现得极其明显,这就是为什么在研究中建立了不安全型依恋的婴儿靠近母亲和身体触摸母亲的持续时间远远超过建立了安全型依恋的婴儿。其他研究也发现,当儿童感知到母亲将关注转移到自己年幼同胞身上时,那些具有安全型依恋的儿童较少表现出嫉妒行为(Volling, McElwain, & Miller, 2002)。也有研究发现相反的结果——儿童早期与母亲建立安全型依恋,但是当父母将关注和投入转移到自己年幼的弟弟或妹妹身上时,他们出现失落感,因而产生憎恨和嫉妒,与弟弟或妹妹在此之后建立冲突的、缺乏合作的关系(Dunn & Kendrick, 1982; Volling & Belsky, 1992)。依恋关系在此过程中的作用和机制是什么?是否还有其他影响依恋关系的作用的因素?这些问题都值得未来进一步探讨和分析。

## 第三节 婚姻质量

父亲与母亲之间的关系往往因家中新成员的出现而受到影响。尤其是当父母生育了第二个子女时,他们不得不在“成为人妻人夫”与“成为人母人父”之间需找平衡。我们常常发现,在大多数情况下,父亲或者母亲会在特定的家庭互动中同时经营两种关系。例如,对于母亲,她们往往在饭桌上既照顾孩子吃饭,又与丈夫沟通养育孩子的事情。那么,第二个孩子的出现对父母的婚姻质量到底会有怎样的影响?

过去的一孩家庭研究发现，在孩子出生之后，即为人父母初期，婚姻满意度似乎会受到很大的冲击(Lu, 2006; Mitnick, Heyman, & Smith Slep, 2009)。在二孩家庭中情况是否也如此呢？较早期的研究发现，在第二个孩子出生前后，父母的婚姻质量并无显著的变化(Teti, Sakin, Kucera et al., 1996)。也有研究发现，如同生育一孩的家庭，生育二孩的家庭也会经历一定的压力，并且婚姻质量的积极方面都会在孩子出生后的一个月内有所下降(Krieg, 2007)。最近还有研究对生育第一个孩子和生育第二个孩子的家庭的夫妻关系进行调查，他们从妻子刚怀孕开始跟踪，直到孩子出生后的第18个月为止，发现生育第二个孩子的家庭的确比生育第一个孩子的家庭在婚姻质量的积极方面变差了，但是这种差别只在怀孕期间出现，在孩子出生之后并未出现明显的差异(Figueiredo & Conde, 2015)。此外，有一项人口学研究使用英国以及德国的大型追踪数据，发现对于生孩子较晚的父母以及受过高等教育的父母，第二个孩子的出生带给他们的幸福感会显著提高，这种幸福感比生第一个孩子时还要高；但是如果再生育第三个孩子，这种幸福感就下降了(Myrskylä & Margolis, 2014)。

上述这些文献结果似乎说明，夫妻婚姻质量在第二个孩子出生前后的过渡阶段存在一定的个体差异和阶段性。有的家庭在第二个孩子出生前后没有出现婚姻质量变化，但有的家庭出现了婚姻质量下降的趋势，也有的家庭婚姻质量的下降可能仅在某些阶段出现，在其他阶段可能恢复到第二个孩子出生之前的状态。也就是说，婚姻质量变化与否实际上可能存在不同的发展轨迹，过去的大多数研究都只进行总样本基础上的整体观察，这并不能了解不同家庭类型的婚姻变化的个体差异状况。如果我们进行更细致的划分，可能会发现不同的家庭在面对第二个孩子的出生时实际上表现出婚姻关系的差异性和变化性。最近沃林等人（Volling, Oh, Gonzalez et al., 2015）提出假设，面对第二个孩子的出生，可能会出现五种婚姻发展模式（参见图 6-1）：第一种是无变化模式，也就是在第二个孩子出生前后婚姻质量没有明显的变化；第二种是线性下降模式，也就是在第二个孩子出生之后婚姻质量逐渐或者突然下降；第三种是突然并持续变化趋势，被称为危机模式，表现为在第二个孩子出生之后婚姻质量突然下降，并且在之后的一年内持续下降，夫妻双方无法适应且不能恢复至第二个孩子出生前的水平；第四种是一种短期调整后适应的模式，被称为调整与适应模式，也就是在第二个孩子出生后不久，由于需要调整期，出现婚姻质量突然下降，但紧接着又逐渐恢复到第二个孩子出生前的状态，适应了新生活；第五种被称为蜜月期效应，即在第二个孩子出生之后婚姻质量突然提升，“蜜月期”结束之后又逐渐回到之前的状态。

沃林等研究者（Volling, Oh, Gonzalez et al., 2015）还通过潜变量增长混合模型的高级统计方法，对此问题展开了实证研究，发现第二个孩子出生前后的过渡期内婚姻质量的轨迹变化极具个体差异性，有别于其他过渡期内的婚姻变化，具有独特性。与过去的研究不同，他们的分析同时考虑了夫妻双方对婚姻的感受，包括对婚姻的积极感受和消极感受。在实践中他们发现，事实上存在六类婚姻发展模式。第一类婚姻发展模式是，妻子的积极婚姻感受略有减少，但丈

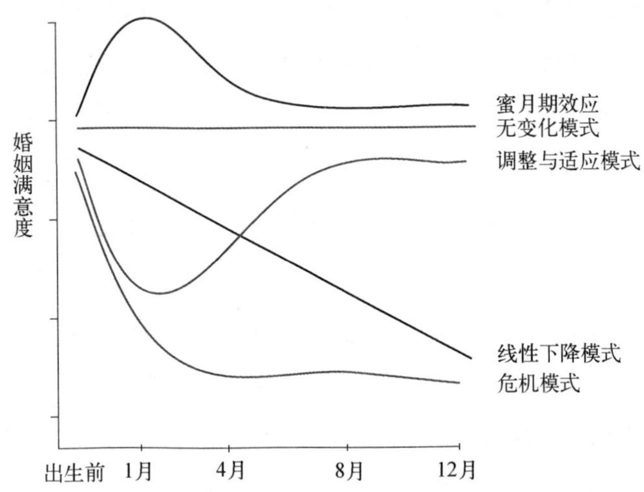


**图6-1 面对第二个孩子的出生，出现五种假设的婚姻发展模式**

夫处在蜜月期，总体来说在第二个孩子出生之后拥有较积极的婚姻关系，很少出现消极的婚姻问题。这一类家庭所占比例最大（约为44%），说明大多数家庭在应对第二个孩子的出生时没有出现很大的问题。第二类婚姻发展模式是，妻子的消极婚姻感受增加，但丈夫处于调节和适应期。第三类婚姻发展模式是，妻子出现蜜月期效应及夫妻双方出现有差别的积极婚姻感受。具体地说，妻子在第二个孩子出生1个月内出现蜜月期效应，但是在随后1年内消极感受逐渐增加，同时妻子感受到的婚姻积极方面要多于丈夫感受到的积极方面。第四类婚姻发展模式是，妻子需要调节与适应期，因为在这类家庭中，第二个孩子的出生对妻子的影响要超过对丈夫的影响。尽管在孩子出生之前夫妻有相近的高水平的积极婚姻感受以及低水平的消极婚姻感受，但是在孩子出生之后妻子出现明显的调节与适应期，对婚姻的消极感受突然增加，而积极感受突然减少，直到 4 个月之后才恢复过来，达到适应状态。相比起来，丈夫的变化没有那么明显。第五类婚姻发展模式是，夫妻同时出现蜜月期，但又出现有差别的积极和消极的婚姻感受。夫妻双方都在第二个孩子出生前到出生后的 1 个月里，出现消极感受减少，但在 4 个月之后又出现上升，并且丈夫比妻子有更高水平的积极婚姻感受以及更低水平的消极婚姻感受。最后一类，即第六类婚姻发展模式是，丈夫需要调节与适应期。具体地说，丈夫在第二个孩子出生之后出现调节与适应期，对婚姻的消极感受显著增加，而积极感受显著减少，直到 4 个月之后才恢复过来，达到适应状态。相比起来，妻子同时表现出积极和消极的婚姻感受的线性上升。这些夫妻婚姻发展模式的出现，在一定程度上与夫妻双方的沟通模式、人格特点等因素有关。因此，需要针对不同的婚姻发展模式预先展开婚姻关系辅导，避免在孕育第二个孩子期间和其出生之后出现婚姻危机。

另外，区分婚姻关系中的认知、情感和行为等内容也是非常重要的。例如，克里格(Krieg, 2007)发现，在婚姻质量方面，第二个孩子的出生会导致出现婚姻质量下降的趋势，但是此研究中婚姻质量只局限在夫妻参与积极活动的满意度方面，并不影响夫妻关系中的积极或消极情感。父母可能在过渡期内减少了相互交流或者夫妻共同时间上的投入，但是这并未降低爱的程度或者增加关系中的冲突和矛盾。也许等到他们逐渐适应了二孩家庭的生活状态，就会自然地回到原有状态。因此，未来研究可以进一步区分婚姻关系中情感和行为方面的差异性。

最后，也许孩子的出生并不会影响婚姻质量（Huston & Holmes, 2004），其连带的各种因素可能是直接影响夫妻婚姻质量的关键。例如，研究发现，与第一次生育的夫妻一样（Bower, Jia, Schoppe-Sullivan et al., 2013），第二次生育的夫妻如果在生育第二个孩子之后出现抑郁状态，其婚姻质量会显著下降（Volling, Oh, Gonzalez et al., 2015）。这可能是因为生育第二个孩子之前的预期与孩子实际出生之后的经历存在着差异，从而导致抑郁状态以及随之发生的婚姻质量降低（Krieg, 2007）。此外，第二胎的生育计划、社会支持等诸多因素都会影响婚姻质量（Volling, Oh, Gonzalez et al., 2015）。

第七章

# 二孩家庭过渡阶段中父亲的作用

尽管前文论述了第一个孩子在应对弟弟或妹妹的出生的过程中会有较多的不适应,但是并非所有孩子都会出现消极状态。家庭系统中的很多因素都会有助于儿童减缓这种不适应,当然,母亲的作用是最不容忽视的。例如,母亲的积极卷入和支持,或者说保持原有的关爱,会大大降低第一个孩子出现消极的内化或者外化的问题行为的概率(Gottlieb & Mendelson, 1990; Teti, Sakin, Kucera et al., 1996)。但是,母亲除了积极照料第一个孩子之外,在一定时间内必须耗费大量精力照顾新出生的婴儿;实际上,母亲的养育投入已经大大提高了(Krieg, 2007)。在这一过渡阶段,父亲的作用就凸显出来(Stewart, Mobley, van Tuyl et al., 1987)。在此阶段,父亲是母亲最好的支持者,被视为“最有用的人力资源”,是儿童眼中“无所不能的”问题解决者(Mercer & Ferketich, 1995)。父亲理应承担更多照顾孩子的责任,尤其是对第一个孩子的投入,会异常关键。一方面,父亲为第一个孩子提供安全的依恋关系,这将有助于弥补因为母亲照料新生儿而导致的对第一个孩子的投入的减少,父亲的养育卷入可以被视为一种保护性因素,可以缓解第一个孩子的适应困难;另一方面，父亲协助或者支持母亲，分担养育的责任，也会缓冲母亲面临的多重压力和挑战(Kojima, Irisawa, & Wakita, 2005; Kreppner, Paulsen, & Schuetze, 1982)，缓解因分娩而可能出现的产后抑郁，减少消极情绪(Gottlieb & Mendelson, 1995)。总之，不管是对第一个孩子的直接影响，还是通过缓解母亲的压力而间接影响第一个孩子，父亲参与养育能够对家庭内部的动态运作起到积极的作用。

## 第一节 父亲的养育行为

在传统认知中父亲除了是家庭经济的重要承担者之外(Geary, 2000)，还扮演着多重角色，为子女提供不同于母亲的养育经历和亲子关系(Parke, 2000)。随着第二个孩子的降临，母亲逐渐会减少对第一个孩子的情感卷入，而作为弥补，父亲就要接替母亲，更多地照料第一个孩子。因此，父亲的作用在第二个孩子降临时会自然而然地凸显出来(Kreppner, 1988; Szabó, Dubas, Karreman et al., 2010)。

在母亲住院生产期间，第一个孩子不得不与母亲分离，如之前(第五章)已经分析的，儿童与母亲的分离会加剧这一过渡阶段的心理痛苦。此时如果父亲能积极卷入，会让儿童能够忍受暂时与母亲分离(Legg, Sherick, & Wadland, 1974)。父亲通常是那个告知儿童他们的新生同胞是否已经出生，性别是男还是女，母亲是否健康等信息的人，他可以帮助儿童缓解因母亲住院而产生的焦虑感。同时，父亲越是能掌控并处理好母亲分娩阶段引发的自身的心理冲突和焦虑感，就越能恰当地处理年长儿童的焦虑、疑惑和各种需求（Legg, Sherick, & Wadland, 1974）。

母亲出院之后，将大量的精力投注到新生婴儿身上，父亲就需要提高与第一个孩子的互动水平（Kreppner, 1988）。如果第一个孩子与其父亲的关系非常亲密，他与母亲之间的冲突就不会很明显（Dunn & Kendrick, 1982），并且获得悉心照料的第一个孩子还会与母亲建立积极的互动关系（Kojima, Irisawa, & Wakita, 2005）。由于有父亲的悉心照料，所以第一个孩子会不太关注母亲与新生婴儿之间的亲密关系。尽管过去的研究非常有限，但可喜的是，研究结果的确发现，虽然母亲在第二个孩子出生前后与第一个孩子的交流减少了，但是父亲与第一个孩子的交流相对比较稳定（Stewart, 1990; Stewart, Mobley, van Tuyl et al., 1987）。这说明，尽管母子关系发生很大的变化，但是父亲与第一个孩子的关系变化不大。最近由沃林指导的一位学生在毕业论文中提到，父亲的卷入对于第一个孩子适应过渡阶段，保护他们免于产生情绪适应问题具有重要的意义（Moreno, 2012）。例如，父亲的支持可以降低儿童出现分离焦虑和痛苦情绪的概率。这也说明这些情绪方面的问题的解决还是需要得到父母情感方面的支持（例如，增加对第一个孩子的关注、增强敏感性）。父亲的养育行为对以后的同胞嫉妒也会产生一定的影响，例如，父亲可以为儿童提供必要的帮助来调整他们的同胞嫉妒行为（Volling, McElwain, & Miller, 2002）。

另外，值得注意的是，父亲对第一个孩子的投入增加并不是始终保持稳定水平的，会随着第二个孩子的成长发生变化。例如，有研究发现，母亲生育第二个孩子之后，由于母亲将更多的精力投注到第二个孩子身上，从而使父亲更多地承担起照顾第一个孩子的责任，以弥补母亲对其投入的下降，但是随着第二个孩子的成长，在其 18 个月大时，父亲也开始更偏爱第二个孩子(Kreppner, 1988)。这可能是因为，此时父亲需要解决新的任务，例如，与第二个孩子建立亲子关系，避免他产生嫉妒情绪和行为，故通过投入更多的关爱寻找与第二个孩子建立亲子关系的新方式。但是，第一个孩子可能无法理解父亲的这种行为。在第二个孩子刚出生时，第一个孩子或许能理解母亲对自己的关爱减少是因为弟弟或妹妹是个无助的婴儿，但是随着弟弟或妹妹的成长及成熟，父亲对自己的关爱似乎也减少了，还对弟弟或妹妹投入那么多的关爱，这对他来说是非常大的挑战。也许从父亲减少对其的投入开始，同胞之间的竞争就加剧了。有研究的确发现，对于处在童年期的同胞，比起母亲，父亲的这种不平等的差别对待给同胞关系以及同胞发展带来的负面效应更强。因为父亲对孩子的投入实际上偏少，如果投入本身就有限，还出现偏爱和差别对待，在同胞的眼中就会异常“刺眼”，会在同胞互动中引发更多的愤怒及敌对的情绪(Brody, Stoneman, McCoy et al., 1992)。还有研究发现，父亲在弟弟或妹妹出生之前对第一个孩子越关爱，他就越嫉妒弟弟或妹妹(Szabó, 2012)。这也进一步证实，对于之前获得父亲关爱的第一个孩子，弟弟或妹妹出生之后，父亲爱的转移会让他们产生嫉妒情绪。

父亲对儿童的影响似乎与母亲的影响不同，具有独特性。例如，沃林及其读博士期间的导师贝尔斯基(Volling & Belsky, 1992)的研究发现,父亲与第一个孩子的亲子关系在其3岁时显得尤其有效。具体地说,在第一个孩子3岁时,父亲在与其的互动中采取促进式、积极的情感模式会有助于两个孩子建立亲社会的同胞互动关系。这说明在与父亲富有积极情感的互动中,第一个孩子会有机会学会如何与他人进行积极的交往。此外,父亲应对儿童的方式也与母亲有所不同。儿童发现父母的注意力转移到其他同胞身上,自己被忽视的时候,往往会表现出伤心和痛苦。母亲会对儿童的痛苦作出反应,父亲似乎束手无策,这也许反映了男性面对孩子的痛苦时更容易唤起自身不舒服的心情或者感受,他们就以不作出反应的方式来应对孩子的这些痛苦情绪。此外,比起母亲,父亲在照料孩子方面缺乏经验(Miller, Volling, & McElwain, 2000),尤其是他们在与两个孩子共同互动时会显得无计可施(Szabó, Dubas, & van Aken, 2012)。最后,父亲的作用还体现在第一个孩子的性别认同上。例如,在母亲住院期间及出院之后,父亲作为主要的照料者能否在一定程度上帮助儿童建立性别认同感?甚至按照精神分析理论的观点,是否会影响处在恋父或者恋母情结阶段的第一个孩子顺利度过此阶段?这些问题目前尚未得到解决。

第一个孩子也会自主地改变其想要父母卷入的需求。一些研究发现,在第二个孩子出生之前到出生之后的过渡阶段,第一个孩子会逐渐增强与父亲的互动(Kreppner, 1988; Stewart, Mobley, van Tuyl et al., 1987)。例如,他们会与父亲更多地说话,提出某些要求,等等。如果父亲能够积极、敏感地回应儿童的这些主动行为,就能确保儿童与家庭成员维持安全的依恋关系,从而进一步促进儿童的适应。不管是父亲主动引发，还是儿童主动引发，这都将促进亲子关系与儿童适应之间的良性循环。当父亲与第一个孩子的关系在第二个孩子出生后的初期阶段变得更加紧密，随着第二个孩子的成熟，他需要获得父亲更多的关注，第一个孩子就会对此非常敏感，认为第二个孩子“入侵”他与父亲的亲密关系，此时父亲对第一个孩子的关注转移到第二个孩子身上会引发第一个孩子的嫉妒情绪，并对随后同胞关系的建立产生负面影响(Kolak & Volling, 2011)。

有一个特别有意思的研究，研究者对父亲投入转移所引发的第一个孩子的嫉妒进行了较细致的分析(Volling, McElwain, & Miller, 2002)。在该研究中，父亲与两个同胞进行互动游戏，在此过程中要求父亲忽视其中一个同胞，而将注意力集中在另一个同胞身上。在该研究任务中，父亲忽视两个同胞的顺序进行了平衡处理，即有的实验中较年长的同胞(在该研究中，大多数年长的同胞都为第一个孩子，较年幼的同胞为第二个孩子)先被忽视了，而有些实验中较年长的同胞后被忽视。结果发现，比起先被父亲忽视的年长同胞，后被父亲忽视的年长同胞表现出更强的嫉妒情绪。研究者对此作出的解释是，当年长同胞与父亲在一起玩游戏而年幼的同胞被父亲忽视时，虽然这可能是年长同胞与父亲单独在一起的一个“特殊”的时间，但是在此情境下年幼同胞会表现出较强的痛苦情绪，并有可能打断年长同胞与父亲独处的时光。也许出于这个原因，年长同胞才会在随后自己被父亲忽视，年幼同胞获得与父亲独处的特殊时间时，感到自己被欺骗了——他们认为年幼同胞的痛苦表现为他们争取到了父亲的关注，取代了自己的地位，年幼同胞实际上是在利用这种痛苦获得父亲的同情,将父亲的爱夺走了,这让年长同胞异常的嫉妒。

## 第二节 父亲支持母亲

母亲也会主动寻求父亲对子女的养育投入,以支持或者协助她完成养育任务。尤其是在儿童发展的不同阶段,他们对父母的需求存在差异性,父母之间的相互支持也随之发生变化(Kreppner, 1988)。例如,在新生婴儿能够爬行或者走动时,会需要母亲更多的看护,这时候母亲就会寻求父亲更多地参与对新生婴儿的照料,以分担养育责任。总体来说,父亲往往会在第一个孩子出生之后调整自己的家庭角色,包括他会与母亲交替完成家务活和儿童养育任务,因为第二个孩子的出现会使家务活加倍;他会比以前花更多的精力去照顾第一个孩子,这可以让母亲投入更多的精力照顾更需要母亲的新生婴儿(Kreppner, Paulsen, & Schuetze, 1982)。

父亲与母亲在养育行为上的协调一致实际上也是一个重要的因素。也就是说,父亲在养育方面与母亲协商一致,或者积极配合并支持母亲的养育行为,避免唱反调是非常重要的。而这一父亲与母亲具有养育一致性的模式在心理学上被称为协同养育(coparenting)。一项基于59项研究的元分析表明,协同养育对儿童的内化问题、外化问题、社会能力以及亲子依恋等适应性变量具有非常独特的影响(Teubert & Pinquart, 2010)。另外,父母的确在第二个孩子出生之后自然而然地提高了协同养育的水平(Szabó, Dubas, & van Aken, 2012)。这是必要的,因为父母不得不同时应对两个孩子。

之前提到过的荷兰乌特勒支大学的发展心理学研究者探讨了父母协同养育与儿童气质的联系（Szabó，Dubas，& van Aken，2012）。他们的研究结果发现，首先，在第二个孩子出生前 3 个月至出生后 12 个月期间，父母对第一个孩子的协同养育行为相对比较稳定，并且随着第二个孩子的出生有所增加。其次，父母对两个孩子的协同养育相对比较一致和相似，即父母之前对第一个孩子的协同养育水平能够显著预测对已出生 1 年的第二个孩子的协同养育水平；同时，在第二个孩子 1 岁时，父母对两个孩子的协同养育行为水平是相对一致的。最后，父母对第一个孩子的协同养育稳定水平以及对两个孩子的协同养育相似水平，均受到后出生的第二个孩子的气质的影响。具体地说，如果第二个孩子的气质是非困难型，父母对第一个孩子的协同养育稳定水平就较高，对两个孩子的协同养育相似水平也较高；如果第二个孩子的气质是困难型，结果就与之相反。上述第二个孩子的气质的调节效应说明，新出生的婴儿进入家庭后，其自身特点会影响包括父母协同养育在内的家庭子系统。其影响机制在于，第二个孩子的困难型气质让父母不得不重新评价过去的养育行为以及协同养育策略，相应地调整现有的协同养育策略，因而导致父母对先出生的第一个孩子的协同养育的稳定性和对不同子女的协同养育的相似性发生改变。

此外，当家中的第一个孩子是一个很难养育的儿童时，父亲如果能配合并支持母亲的养育行为，就会具有很强的协助作用。例如，戈特利布等人（Gottlieb & Mendelson，1990）较早期的研究探讨了父母的支持对家庭中第一个孩子的适应状态的影响。他们招募了 50

户第一个孩子全为女孩的家庭展开调查。他们发现，对于弟弟或妹妹出生之前情绪就异常痛苦的第一个孩子，母亲如果在之前或者之后提供较少的支持，这类儿童的痛苦在弟弟或妹妹出生之后最强烈。尽管父亲的支持在弟弟或妹妹出生之前并不起多大的作用，但是在出生之后，他们的支持非常有用，尤其是对之前情绪很痛苦的第一个孩子来说，如果他们在弟弟或妹妹出生之后得不到父亲足够的支持，会让他们最感到痛苦。这似乎说明，母亲在第二个孩子出生之前的支持以及父亲在之后的支持，对第一个孩子在弟弟或妹妹出生之后出现痛苦情感影响最大。

又如，美国密歇根大学的科拉克和沃林（Kolak & Volling，2013）调查了在第二个孩子出生之前父母的协同养育状况是否会影响气质困难型孩子应对弟弟或妹妹出生的行为问题变化。他们使用经典的"儿童行为问卷"测量儿童的消极反应性，作为困难型气质的表现。他们发现，困难型气质的确会让第一个孩子在过渡阶段加剧内化行为问题的出现，但是这一关系进一步地受到协同养育的调节。具体来说，困难型气质对内化问题的影响在高削弱型协同养育水平上表现得最强烈，但是在低削弱型协同养育水平上，困难型气质不会对内化问题造成很大的影响。在外化问题上，也得到了类似的结果。尤其是困难型气质儿童的父母不仅表现出高削弱型协同养育，而且表现出低支持型协同养育时，他们的外化问题行为出现概率最高。值得指出的是，他们的研究使用观察方法测量协同养育。他们记录了父亲和母亲同时和第一个孩子一起自由游戏的情况，并使用标准的编码方法对父亲和母亲在游戏过程中的协同养育行为进行编码计分(Schoppe, Mangelsdorf, & Frosch, 2001),形成两个主要的因素——支持型协同养育和削弱型协同养育。如上述研究所分析的,父亲如果能配合并支持母亲的养育行为,就能够缓冲困难型气质儿童的消极反应。

支持型协同养育除了能缓冲问题行为的出现,还能促进积极行为的发生。例如,对于第一个孩子,其积极接纳同胞的一个重要行为表现就是,能够在父母照料弟弟或妹妹时(例如,喂奶、换尿布)听从父母的使唤,协助父母照料弟弟或妹妹。最近一项实证研究(Song & Volling, 2015)发现,母亲在给第二个孩子换尿布并召唤第一个孩子帮助自己(例如,"过来帮我换尿布""帮我递一下毛巾")时,对于情绪自我调节能力差的儿童,如果父母的协同养育的支持水平低,就会导致第一个孩子帮助母亲的意愿非常低。尽管他们没有发现支持型协同养育的缓冲效应,但是的确发现糟糕的父母协同养育会削弱气质困难型儿童的合作行为。此外,低水平的支持型协同养育也说明父母在家庭中的卷入程度低,可能投入的时间过少或者互动质量过低(Song & Volling, 2015)。

除了父母的协同养育之外,他们之间的家务分工等也值得在二孩家庭研究中给予重视。不管是在西方社会还是在东方社会,现代家庭中妻子和丈夫都基本认同夫妻双方要共同承担家务活,要有平等的态度(Lu, 2006; Milkie, Bianchi, Mattingly et al., 2002)。但是在现实生活中,妻子仍然承担大多数家务活。有研究者解释,这是因为男性的家庭生活观念存在矛盾性。一方面,男性支持女性(包括自己的妻子)外出工作以获得收入、支持家庭,另一方面他们又因挑战传统的男性角色（例如，参与传统上应该由女性承担的家务劳动）而产生不快（Burt & Scott，2002）。在现代家庭中，这种传统的性别角色观念影响越强烈，就越会引发家庭内部的冲突（Helms-Erikson，Tanner，Crouter et al.，2000；Marks，Lam，& McHale，2009）。尽管目前很少有在过渡期夫妻双方家务活分工的态度对家庭内部成员的适应和关系的作用的研究，但是一些有关童年期或者青少年期的研究的确发现了一些值得借鉴的结果。例如，父亲在家庭中参与更多的家务活以及持有更平等的劳动分工观念，夫妻婚姻质量就越高，教养方式也越趋积极，同胞关系越好（Dawson，Pike，& Bird，2015）。因此，鼓励父亲分担家务活及承担相关责任会促进家庭内部的各种关系，使所有家庭成员受益。

第八章

# 二孩家庭过渡阶段中其他人的支持

## 第一节　父母获得的一般社会支持

西方有句谚语,“举一村之力,养一个孩子”,这说明养育孩子的压力不能只让父母两人扛,需要更多的社会支持来帮助养育孩子。养育两个孩子似乎需要两个“村子”的支持,也就是说,社会支持对生育两个孩子的父母来说非常重要。

在一项对二孩母亲获得的社会支持与心理健康的关系的研究中,戈特利布等心理学家(Gottlieb & Mendelson, 1995)发现,不管是生第二个孩子之前的怀孕期,还是生完后的哺乳期,如果母亲感到自己能适时获得具体的支持(即实用性强的支持),她们会经历更少的疲劳;如果她们满意自己获得的社会支持,她们也会更少地出现抑郁或者愤怒等不良情绪。并且,在生第二个孩子之前的怀孕期,母亲感知到自己关系网络中的社会支持越多,那么在此阶段遇到的压力不太会使母亲出现抑郁或者愤怒等不良情绪;但是对于感知到关系网络中的社会支持很少的母亲,她们的压力越大,出现抑郁或者愤怒等不良情绪的概率就越高。这说明社会支持具有减少二孩母亲应对压力时出现的不良情绪的功能。但是，这种效应在第二个孩子出生之后的哺乳期并不存在。这似乎说明，在第二个孩子出生前与出生后，对于母亲的社会支持发生了重组和调整。生育第二个孩子之前，母亲更多经历的是日常的需要，这可能通过寻求身边的社会网络的支持就能够直接应对，但也许在生育第二个孩子之后，母亲更需要一些实用性的解决二孩家庭过渡期内实际问题的社会支持（Gottlieb & Mendelson, 1995）。例如，本书前面几章提到的在第二个孩子出生之初第一个孩子的心理出现问题之后，帮助父母应对这一状况的社会支持。毕竟，对于二孩母亲，她们仅有怀孕的经验，怀孕之后家庭系统发生了变化，此时遇到的问题都是新的，故解决这些新问题的具有实用性的社会支持就显得尤为重要。此外，在怀孕期，如果母亲满意自己获得的社会支持，她们就不大容易在生产后的哺乳期出现产后焦虑，这一联系在母亲怀孕期处在高压力情况下时最明显。可见，生第二个孩子之前的社会支持让产后的母亲有更多的安全感，在一定程度上让她们感到自己有所准备，能够应对将要面对的挑战，从而有利于她们在过渡期内的心理适应。

有些研究发现，二孩母亲产后得到的社会支持比一孩母亲产后得到的社会支持要低（Mercer & Ferketich, 1995），可能是因为人们觉得有生育经验的母亲可以自己处理生育后的许多事务，不需要像第一次生育时那样给予很多的社会支持，因而出现了两次生育后的社会支持反差。过去的研究还发现，对于一孩父母，如果他们感知到缺乏社会支持并且需要外出工作，他们往往不愿意要第二个或者更多的孩子（Ahlborg, Misvaer, & Möller, 2009）。这些结果进一步证明，二孩母亲有可能参照第一次生育时获得的社会支持来感知第二次生育时获得的社会支持，因而更容易感受到差别。

## 第二节 祖父母辈的养育参与

祖父母可以为父母提供情感支持、经济资助以及儿童抚养的建议(Bengston & Robertson, 1985; Linver, Brooks-Gunn, & Kohen, 2002; Tinsley & Parke, 1984)，他们通过直接或间接的方式对儿童的发展产生重要的影响(Dunifon, 2013; Pilkauskas, 2014)。贝尔斯基等人(Belsky & Rovine, 1984)对生育第一个孩子或者第二个孩子的 70 多户家庭进行访谈以及家庭互动的自然观察，内容包括夫妻获得的原生家庭的社会支持(包括帮助做家务、经济资助、照看孩子以及情感支持)以及与他们的联系情况等诸多涉及社会网络及其质量的问题。该调查分为三轮，第一轮在怀孕的第三周期，第二轮在产后 3 个月，第三轮在产后 9 个月。他们发现，在婴儿 1 岁以内，父母与祖父母的联系随着婴儿的成长逐渐增加。父母与祖父母住得越近，在生育了孩子之后，他们获得的祖父母对孩子的照料的支持就越多。值得注意的是，尽管在他们的研究中，情感上的支持在婴儿出生之前至出生之后逐渐上升，但是对于第一次做父母的夫妻的情感支持远高于非第一次做父母的夫妻获得的情感支持。另外，他们的研究还发现，两类父母在整个生育前后的发展期也存在明显的社会支持差异。生育第一个孩子的父母在怀孕的第三个周期到产后 3 个月获得的物质方面的支持逐渐增多，而生育第二个孩子的父母在这一期间获得的物质方面的支持正好相反，呈现逐渐减少的趋势。

另外，在母亲去医院生第二个孩子，与第一个孩子暂时分离的阶段，除了父亲所起的作用外，祖父母对第一个孩子养育的卷入也是非常重要的。尽管没有实证调查，但是有研究者指出，如果祖父母辈能够与二孩家庭建立紧密的联系，尤其是祖父母与第一个孩子有良好的情感关系，就会缓解第一个孩子因为妈妈去医院分娩而产生的分离焦虑(Dunn, Kendrick, & MacNamee, 1981)。

作为步入老年期的祖父母，比起年轻时的他们，重新抚养孩子对其身体状况及认知都是一种新的挑战(Landry-Meyer & Newman, 2004)。在身体状况方面，随着年龄的增长，祖父母们体力下降、容易生病，这是不言而喻的；在认知方面，祖父母的教育水平相对来说会低于父母。美国的一项数据显示，接近三分之一的孙辈所在家庭中的祖父母辈，其教育水平未达到高中水平(Glass & Huneycutt, 2002)。而这些可能使祖父母在养育儿童时出现各种障碍和问题。

父母与祖父母辈在养育孩子方面的代际传递和双向作用历来是家庭研究中广泛关注的问题。就母亲与外婆对儿童的养育态度和行为的相似性而言，总体上，母亲和外婆在对攻击行为的适当控制、奖励与惩罚孩子、鼓励互惠、满足婴儿需求(例如，喂养、大小便训练)等方面能达成一定的共识，并且她们的养育知识具有一定的相似性(Blackwelder & Passman, 1986; McGahey & Sporakowski, 1972; Sistler & Gottfried, 1990)。值得注意的是，父母与祖父母辈在养育孩子方面的相似性或者一致性问题并不总是祖父母单方向传递给父母的，也有可能是一种以父母传递给祖父母的反方向的形式达成的。

近年来，中国的学者将其称为代际的文化反哺效应（周晓虹，2015）。

此外，婆媳关系似乎是家庭中绕不开的问题。国内如此，国外也不例外。妻子往往对丈夫的父母的社会支持和帮助不够满意，对自己父母的帮助和支持的满意度会更高（Ahlborg，Misvaer，& Möller，2009）。这也可以解释为什么对父亲和母亲来说，联系各类不同血缘关系的亲人或亲属可能存在一定的差别。母亲往往更倾向联系自己一方的亲属，包括祖父母在内的亲人（Belsky & Rovine，1984）。

最后，值得注意的是，在二孩家庭中祖父母的参与及其影响的研究相对来说非常稀缺，未来可以借鉴当前祖父母对儿童的影响的基础问题来展开二孩家庭的研究，其中之一就是分清不同类型的祖父母参与养育（Dunifon，2013）。第一种情况是祖父母与父母及儿童不住在一起。由于祖父母与儿童不住在一起，那么居住的物理距离越远，他们之间的心理距离就越远，即关系亲密度越低（Dunifon & Bajracharya，2012）。在这种情境下，有些研究发现，祖父母对儿童成长的影响似乎微乎其微，如果有影响也是产生边缘效应（Cherlin & Furstenberg，2009）。但也有不少研究发现，尽管不住在一起，祖父母如果能积极卷入儿童的养育，就能促进孙辈的正向成长（Ruiz & Silverstein，2007；Yorgason，Padilla-Walker，& Jackson，2011）。第二种情况是三代同堂，即祖父母、父母与儿童三代住在一起。在对儿童发展的作用上，这方面的研究结果比较不一致。有些研究认为，三代同堂对儿童的发展有负面作用（McLanahan & Sandefur，2009；Pilkauskas，2014；Pittman & Boswell，2008）；但有些研究发现，三代同堂和其他家庭形式相比，在对儿童的影响方面并没有显著差别（Deleire & Kalil，2002）。在国外，三代同堂更多地出现在青少年父母或者单身母亲养育儿童的情境中。由于他们缺乏养育的能力，自己还需要接受教育或者从事日常工作，所以需要祖父母的协助才能养育子女（Gordon，Lindsay Chase-Lansdale，& Brooks-Gunn，2004；Unger & Cooley，1992）。第三种情况是父母不在儿童身边，由祖父母抚养儿童。这种情况出现的原因有很多，包括父母吸食毒品、虐待或者缺乏监督、犯罪入狱、离异、患心理和生理疾病、死亡、年幼等因素导致父母无力或无法成为抚养人，而祖父母成为养育替代者（Glass & Huneycutt，2002；Gleeson，Wesley，Ellis et al.，2009）。在我国，儿童被祖父母抚养的情况多数发生在农村留守儿童身上。不管出于什么样的原因，这些都是高压力的消极生活事件。特别是当儿童还处在幼年期，由于这些消极生活事件的出现，儿童面临亲子分离，导致儿童可能出现亲子依恋问题，这将对儿童的毕生发展造成影响（Chen，2014；Edwards & Ray，2008；王燕，陈斌斌，2013）。因此，这类儿童更需要祖父母在儿童与父母分离的情况下提供安全的依恋关系，缓冲早期亲子分离的不良后果。

尽管上述这三类家庭结构的研究多数聚焦于祖父母所起的作用上，并没有区分儿童是独生子女还是属于多子女家庭，也没有基于二孩出生的过渡期分析祖父母的参与情况。但是，基于这三类祖父母参与情况的文献可以在一定程度上被借鉴并用来理解我国目前二孩家庭祖父母参与养育的情况及其影响。例如，据笔者自己在上海的研究，有不少原籍非上海的父母，由于他们自己的父母住的地方离上海较远，只能独自抚养自己的孩子，或者请家政阿姨来协助养育孩子。尽管现在的80后与90后夫妻都是独生子女，如果双方父母都健在，理应呈现一种4—2—2的家庭模式，即四个祖父母同时照料两个孩子。但实际情况是，限于住房条件，有不少家庭会在生育第二个孩子期间，让第一个孩子住在离自己家不远的夫妻一方的父母家中，而另一方父母与夫妻一起住，协助照料刚出生的第二个孩子。甚至当母亲产假结束之后，或者等到第二个孩子稍大之后，夫妻双方的父母会各自抚养一个孩子。在整个二孩出生一两年的过渡期内，有不少家庭会交替经历上述三种情况，或者在某个特定阶段这三种情况会出现重叠。因此，未来的研究应该从动态发展的视角去分析祖父母在二孩家庭中的地位和作用。

## 第三节　其他人的社会支持

对父母来说，他们的社会网络超越家庭，除了亲属，还有其他社会关系也支持着他们应对第二个孩子的诞生。在这里尤其要强调两个不同的概念：一个是社会网络，一个是社会支持。社会网络指社会关系中的结构特点，反映的是社会系统组织中的常规模式；社会支持指某个人的社会网络中的成员为其提供资源的类型（例如，情感支持、物质支持、养育与照看支持等）和强度（Bost，Cox，Burchinal et al.，2002）。这在前面几节中已经作了具体的分析和探讨。在探讨过渡期内的家庭时，家庭内外的社会关系模式及社会资源都在发生着变化，因此分析社会网络显得特别有用。父母在迎接或者已经生育了第二个孩子之后，除了家庭内部的社会网络外，在某种程度上需要增加家庭外的社会关系，以此促进第二个孩子到来后的适应。例如，之前提到的贝尔斯基等人（Belsky & Rovine, 1984）的研究发现，父母常常会接触那些有养育经验的人，例如家中有小孩的其他父母，寻求相关的养育经验。又如，在我国大多数城市都会碰到就医难的问题，刚出生的婴儿以及年幼的孩子容易生病，需要及时就医。如果父母能够扩展自己的社会关系，建立与就医相关的社会网络，就更容易解决看病问题。当然，也要看到母亲要承担照顾孩子的主要责任，精力有限，因此在从怀孕到产后的过渡期内，她们的社会网络成员的数量实际上呈现下降的趋势（Bost, Cox, Burchinal et al., 2002; McCannell, 1987）。这也从另一个角度说明，对于父母（尤其是母亲），为了更好地应对过渡期内他们所面对的问题，其社会网络更聚焦于能直接帮助他们解决养育问题及促进适应的人际关系。

如果具体到某些群体，二孩父母的社会网络就会包括专业的护理人员、家中有两个孩子的其他父母等。其中，专业的护理人员具有重要的作用，帮助二孩家庭应对第二个孩子出生时的各种需求（Gottlieb & Mendelson, 1995; Murphy, 1993）。护理人员可以通过帮助父母认识到过渡期内的压力和能量的消耗，促使他们思考互相支持的方式，妥善和有效地处理增加的养育负荷，从而支持父母顺利度过过渡期（Murphy, 1993）。对于二孩家庭的父母，他们往往过分自信地认为自己有了生育第一个孩子的经验，自然而然就能处理好第二个孩子的出生和养育，包括他们的家人、医护专业人士在内的社会网络关系也会有这样的期望。例如，有研究比较了有经验的母亲和无经验的母亲在产后获得的社会支持，结果发现，有经验的母亲往往报告他们在住院期间以及在新生儿出生之后的 1 个月、4 个月中获得的社会支持都比无经验的母亲少(Mercer & Ferketich，1995)。

有经验的父母，尤其是母亲，真的不需要社会支持了吗？实际情况并非如此。如前文所论述的，母亲在生育第二个孩子后遇到的问题往往是她们之前从未遇到过的。因此，专业护理工作者应该帮助父母认识到过渡期中可能出现的困难，并提供实际的社会支持。在评价母亲的支持需要的时候，应该特别注意在二孩家庭中是否存在获得帮助的实际需要(Gottlieb & Mendelson，1995)。

此外，有条件的家庭会雇用月嫂、保姆或者其他家政人员协助负责第二个孩子出生前后的照顾工作或者做家务。有学者建议父母可以长期雇佣能照看新生婴儿的看护者，这样父母就可以腾出时间来照顾或者关心第一个孩子，这也被看作是父母与第一个孩子专门待在一起的特殊时间(Dunn，1995)。

第九章

# 整合的理论模型

第二个孩子出生前后整个家庭的变化、适应以及二孩家庭引申出的研究问题要比一孩家庭的情况更复杂、更系统,也更具动态性。例如,同样是分析母亲在生育孩子之后的养育压力,一个孩子的母亲与两个孩子的母亲面对的压力是完全不同的。对二孩家庭中的母亲来说,在一孩家庭中缓解或者加剧母亲压力的影响因素也许有些是相同的,但它们的表现形式、作用机制和影响程度是有差异的。例如,同样都是养育能力对母亲的养育压力的影响,一孩母亲的养育能力主要与新生儿的健康状况、自己的健康状况以及生育后照看婴儿的能力等因素有关,但是二孩母亲的养育能力一方面可能主要与自尊、焦虑等因素有关(Mercer & Ferketich, 1995),另一方面也与养育第一个孩子的自我效能感有关(Chen & Xu, 2018)。例如,一个生育第二个孩子的母亲在照看孩子(例如,喂奶、换尿布)的能力方面充满自信,但是在如何同时照看好两个孩子方面就缺乏经验,从而导致受挫、焦虑和无助感。我们可以发现,由于第二个孩子的出现对整个家庭的影响和作用具有复杂性、系统性和动态性等特点,现有的理论(例如,家庭系统理论、生态系统理论、社会学习理论等)无法将整个二孩家庭形成过程中的家庭状况完全解释清楚，往往只能解释某些内容或者某些部分。也就是说，现阶段缺乏一种可以完全解释在二孩家庭形成的过渡期其家庭心理适应与应对的理论。这更需要整合现有的不同理论，建立一个整合的理论模型去实现更全面的理解。

基于目前的研究结果，笔者依据对第二个孩子出生前后整个家庭的变化与适应问题的分析提出了一个整合的模型（参见图 9－1），可以将其看作一个启发性模型，用来整合本书探讨的许多主题。在该模型中，笔者提出了各种机制，包括反映整个家庭及其成员变化的发展机制，反映影响二孩家庭的应对和适应的家庭环境与家庭外环境的系统作用机制，反映二孩家庭的应对和适应的因果关系的过程机制，反映同胞相似和异同的基因相似性以及整个家庭应对过程中

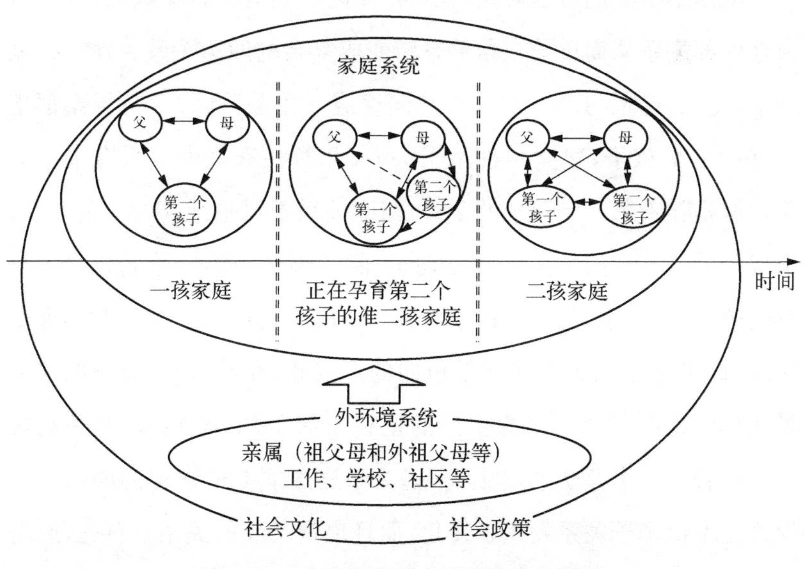


**图 9－1　二孩家庭形成过程的整合模型**

的生理反应的生物作用机制，反映更宏观的社会文化与政府作用的文化与政策影响机制。它将从微观到宏观、从静态到动态、从生理到心理，在各个层面反映二孩家庭的应对和适应的内容。

## 第一节　发展机制

家庭的发展是分析在第二个孩子降临前后二孩家庭起始阶段变化过程的第一步（Kreppner，Paulsen，& Schuetze，1982）。如果能剖析二孩家庭可能出现的普遍问题以及需要完成的发展任务，以家庭为单位分析其发展机制就可以提供各种有用的阶段性模式。

从模型中我们可以看到，在一孩家庭转变为二孩家庭的过程中，家庭内部关系从简单的三角关系转变成复杂的四边关系。在一孩家庭中，父亲、母亲与第一个孩子共同组成三角关系，父亲与母亲都指向唯一一个孩子，建立一种亲子关系，儿童在家庭中也只有亲子关系。但是随着第二个孩子的孕育，家庭关系不再是纯粹的三角关系，出现了“类四边”的关系。在互动中，除了母亲与第二胎胎儿之间是双向的关系，父亲、第一个孩子与第二胎胎儿之间的关系相对不那么明确，而且建立的关系往往是单向的。因此，在此阶段，家庭的关系模式仍然是以三角关系为主体的正在发展中的“类四边”的关系模式。随着第二个孩子的出生，家庭关系逐渐演变成正式的四边关系模式。不仅亲子关系发生了变化，而且出现了新的关系。首先，原有的亲子关系模式不得不进行区分和分解，建立起第一个孩子与父母的关系以及第二个孩子与父母的关系。同时，在此转变过程中，父母可能因为指向两个孩子的亲子投入的差异，导致第一个孩子与父母的亲子关系发生了微妙的变化。例如，我们在书中提到，由于母亲投入更多的精力照料第二个孩子，导致第一个孩子与母亲的关系出现变化，父亲转而花费更多时间和精力照顾他，从而使第一个孩子与父亲的亲子关系更加亲密。在四边关系中，还出现了两个孩子之间的双向关系，即同胞关系。同胞关系将与亲子关系一起影响两个孩子的发展，使他们的发展过程变得更复杂。我们可以看到，家庭关系模式的形成和重组是家庭发展的前提。

除了以家庭为单位考虑发展的机制外，还要考虑家庭成员作为个体的发展机制。在家庭发展的过程中，家庭成员也在不断地发展和变化。本书中提到最多的是第一个孩子的发展，尤其是其发展的内容、发展轨迹的差异性，对之进行了详细的分析和讨论。但实际上，在二孩家庭的发展过程中，父母也在发展，第二个孩子也在发展。遗憾的是，目前在这个领域，研究者往往忽视父母与第二个孩子的发展，这方面的研究文献极度稀缺。父母的发展对于整个家庭的作用和影响是至关重要的（例如，父母在第二个孩子出生之后出现抑郁，就会导致家庭功能紊乱，继而影响两个孩子的发展）；同样，第二个孩子的发展在二孩家庭形成初期也至关重要，各种生理和心理的关键期都在这个阶段出现（例如，大脑的发育、身体的发育、依恋关系的建立等）。未来研究应该更关注这方面的内容（可以参见第十章对父母与第二个孩子发展的论述与展望）。总之，我们不能忽视参与或者卷入二孩家庭中的不同主体的发展成长过程。

## 第二节　系统作用机制

系统作用机制主要围绕家庭系统理论和生态系统理论展开分析,强调家庭内部以及家庭外部的环境系统对整个家庭的影响和作用。笔者总结了系统作用机制运行的特点。

### 一、系统的补偿性

如同在发展机制中已经分析的那样,增加一个新的家庭成员将会使家庭系统重组(LeMasters, 1957)。第二个孩子的出现及其应对是一个复杂的人际互动现象,应该更多地依据家庭系统理论去分析和探讨。家庭系统中的不同成员(母亲、父亲、年长同胞)可以为了某个共同目标或者计划相互合作,从而维系家庭系统必要的功能。例如,在母亲住院分娩期间,父亲就要承担起更多的养育第一个孩子的责任,积极协助母亲。又如,母亲不在第二个孩子身边时,第一个孩子就会去照料弟弟或妹妹,承担母亲的功能,保护弟弟或妹妹并与其建立安全的依恋关系等(Stewart & Marvin, 1984)。从系统作用机制的视角来看,系统中某个子系统发生变化,应该鼓励其他子系统立刻替补,继续保持家庭系统的顺畅运行。

### 二、系统的关系性

从系统作用机制角度分析关系特点是很好的方法。以第一个孩子的同胞嫉妒为例,在本书第四章与第五章提到的同胞嫉妒实际上涉及三方关系，它是由三种双向的关系组成的，即第一个孩子（嫉妒者）与第二个孩子（竞争对手）的关系、第一个孩子与父亲或者母亲（爱的人）的关系，以及第二个孩子与父亲或者母亲的关系。以往的研究实际上只关注父母将对第一个孩子的关爱转移到第二个孩子身上后第一个孩子的嫉妒反应，很少考虑这三种双向关系本身在嫉妒形成和发展过程中的动态运作方式，因为并不是所有的三方关系或者任意三个人组成的关系都会引发嫉妒情绪。例如，如果第一个孩子与父亲或者母亲（爱的人）的关系本身就很脆弱，缺乏亲密性，那么父母与第二个孩子的关系再紧密都不可能引发第一个孩子的嫉妒。又如，如果第一个孩子（嫉妒者）与第二个孩子（竞争对手）的关系非常亲密，父母将养育投入从第一个孩子身上转移到第二个孩子身上时，第一个孩子产生的嫉妒情绪可能会非常少。因此，在家庭系统理论的框架下，探讨三方关系的特点就显得非常重要。

## 三、系统的多重性

系统的影响不是简单的单方面的影响，而是多重系统共同运作的结果。例如，第一个孩子对弟弟或妹妹的降临表现出的消极反应，常常伴随着父母对第一个孩子养育投入的降低，在这个过程中其实混合着两个子系统的变化——一个是同胞子系统，另一个是亲子关系子系统。到底是哪个子系统的变化影响了第一个孩子？目前需要更多的探讨。

## 四、系统的匹配性

系统的匹配性有两层含义：一层含义表现为系统所反映的情境

与个体的交互作用，另一层含义表现为个体与环境的匹配性。就情境与个体的交互作用而言，它说明情境与个体不是独立作用的，这取决于二者各自的特点。例如，家庭经济状况可能在生育第二个孩子之前没有变化，但是某些原因导致在第二个孩子出生之后家庭经济状况发生了巨大的变化，出现了家庭经济危机，那么在此过程中会对家庭各个成员造成影响，但其影响程度可能取决于家庭成员本身的特点。例如，对于相对年长的同胞，其受影响的程度也许低于年幼的同胞。就个体与环境的匹配性而言，它说明个体发生变化直接与个体的发展需求或者自身特点是否得到环境的支持或者满足相关联，也就是个体与其所处的环境是否很好地实现了匹配。例如，最新的一项研究发现，对于困难型气质的儿童，如果他们的父母在养育方面不合作，造成养育环境的不和谐，就不利于困难型气质儿童的发展，从而使得这类儿童不愿意在弟弟或妹妹出生后在照料方面给予帮助（Song & Volling，2015）。

## 第三节　过程机制

发展心理学家在探讨孩子成长的社会化过程时，往往聚焦于理解父母的养育策略和行为的过程。不管是养育一个子女还是养育两个或者多个子女，父母的养育行为对子女的心理发展起到重要的作用。父母的养育行为是如何形成的？其影响作用是怎样的？在理论上很有建树的发展心理学家贝尔斯基（Belsky，1984）曾提出过程模型（process model），用来描述在从成为夫妻至成为父母的过程中角色转变的过渡。这一模型考虑了这一过渡阶段中父母养育的过程机制，包括影响养育行为的父母个人的心理特点、儿童的气质特点以及情境的作用。参考这一过程模型，笔者认为在第二个孩子出生之后的二孩家庭内部也必然存在着过程机制，并基于已有的研究提出"二孩家庭父母养育的过程机制"(参见图 9-2)。

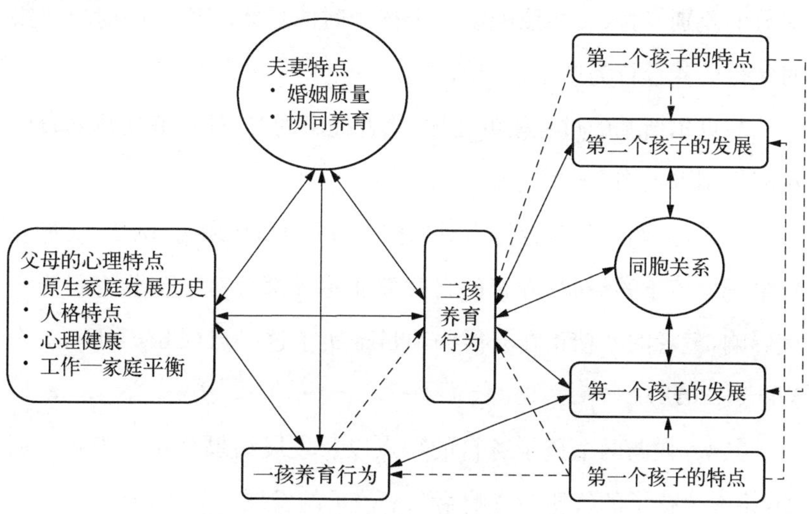


**图 9-2　二孩家庭父母养育的过程机制**

在该模型中，父母的心理特点，如原生家庭中的发展历史(如亲子依恋关系)、人格特点、心理健康会直接或者间接地影响二孩养育行为。其间接影响的过程是通过夫妻特点或者过去的一孩养育行为及其经验来实现的。夫妻特点包括夫妻婚姻质量、夫妻协同养育子女的方式和分配模式等。一孩养育行为除了受父母心理特点的影响外，也受第二个孩子出生之前的夫妻特点以及第一个孩子的特点(例如，气质)和实际发展状况的反向影响。随着第二个孩子的出生，父母的养育行为从只指向第一个孩子变成指向两个孩子，它不仅同时影响两个孩子的发展，两个孩子的发展还反过来影响父母的养育行为。此外，两个孩子各自的特点（例如，气质）和实际发展状况也会影响父母的养育行为，从而形成一个动态的循环过程。同胞关系（例如，第一个孩子是否接纳第二个孩子）受父母养育行为的影响（例如，父母的差别养育、父亲照顾第一个孩子时的卷入程度），同时反过来对父母的养育行为产生一定的作用。

与贝尔斯基的过程模型相比，笔者提出的"二孩家庭父母养育的过程机制"（见图 9－2）有如下四个特点。

首先，强调一孩养育行为对二孩养育行为的影响。例如，父母养育第一个孩子的经验、养育的自我效能感等都会对二孩养育行为产生影响，笔者的一项正在开展的项目证实了这一点（Chen，Han，& Wang，2018）。

其次，强调两个孩子各自的特点以及发展结果会相互影响。例如，第一个孩子的气质会影响第二个孩子的发展。具体地说，第一个孩子如果是困难型气质，他们就会以消极的方式对待弟弟或妹妹，使第二个孩子出现消极的发展结果。

再次，强调同胞关系在父母的二孩养育行为中的中介作用。例如，同胞关系发展取决于家庭情境以及同胞各自获得父母养育的方式，同时同胞关系质量又会影响每一个同胞自身的发展。因此，有些研究就分析和探讨了同胞关系及其质量可能具有中介的功能。例如，伊斯特等研究者（East & Khoo，2005）基于三轮五年的跟踪研究，调查了两百多户家庭，使用潜变量增长曲线模型进行分析，发现同胞关系质量(例如,同胞间的温暖与亲密水平或者冲突水平等指标)会作为中介机制将各种家庭风险因素(例如,单身母亲、青少年母亲、家庭需要政府补助)与年幼同胞发展结果联结起来(例如,吸食毒品或者高风险的性行为以及相关的行为后果,包括通过性行为传播的疾病或者怀孕)。之所以存在这样的中介作用,主要是因为这些家庭风险因素的存在会导致对同胞的监督缺失、关心减弱,家庭物质方面和心理方面的压力增加,引发父母的养育功能紊乱,从而波及同胞关系,造成同胞关系质量下降,进一步通过诸如社会学习、同胞促进等机制反过来影响同胞各自的社会情绪及行为发展。

最后,强调同胞关系以及儿童各自的特点会反向地影响父母的养育行为和心理。例如,冲突或者不友好的同胞关系模式会给父母带来巨大的压力,削弱父母的心理适应,降低其心理健康水平。这种连续不断的压力会使原本胜任的父母将其养育行为转变成残酷的、独裁式的、以纪律为导向的教养模式,并因为习得性无助而使父母情感卷入减弱。

## 第四节 生物作用机制

笔者提出的整合模型还强调了生物作用机制。过去对二孩家庭形成过程的研究主要聚焦在心理领域,忽视了生物作用机制。例如,对于第一个孩子,他们在应对弟弟或妹妹的出生时会表现出各种心理不适应和行为表现,例如出现退化行为、攻击行为等。这些行为表现背后应该有其生物学基础,例如,在面对压力环境时会激活下丘脑—垂体—肾上腺(hypothalamic-pituitary-adrenocortical, HPA)系统。面对压力,个体为了保护社会自我(包括自尊、社会地位),会激活生物机制以获得生物过程的支持,其中包括HPA的激活。皮质醇是HPA的主要产物,它是应对压力反应的主要生理指标(Gunnar & Cheatham, 2003; Pollard, 1995)。例如,新入学是一个高压性社会事件,刚进入幼儿园的幼儿的皮质醇分泌量会明显上升(Vermeer & van Ijzendoorn, 2006;贺琼,王争艳,王莉,等,2014)。笔者据此在最近的《心理科学进展》上刊文提出,对于第一个孩子,弟弟或妹妹的出生属于压力生活事件,它也会激活HPA系统,会导致皮质醇的生理变化(陈斌斌,王燕,梁霁,等,2016)。除此之外,这种生物机制一定会连同其他社会性因素一起影响二孩家庭成员的应对与适应,这是值得未来进一步探讨的重要方向。

除了生理的反应机制之外,还存在基因机制。如同父母与儿童存在着基因的相似性,同胞之间也存在着基因的相似性,进而促进了他们的行为和心理的相似性(Dunn & Plomin, 1990; Plomin & Daniels, 1987)。例如,在排除了家庭特点的作用之后,文献表明同胞之间有诸多的相似性,包括风险行为、移情等(D'Amico & Fromme, 1997; McHale, Bissell, & Kim, 2009; Tucker, Updegraff, McHale et al., 1999)。从行为遗传学的角度,之所以出现同胞行为的相似性,是因为同胞之间基因的相似性——在面对相同的社会环境时,会引起同胞相同的反应,也就是环境和基因双重作用下的结果。另一解释是,同胞共享的环境作为一种中介机制影响基因相似性与同胞个体心理发展之间的关系。例如,同胞之间共享的环境(例如,家庭温暖、同胞在一起的时间、友谊网络)作为中介将基因相似性与个体抑郁症状、酒精使用、性风险行为与态度联结在一起(Horwitz, Videon, Schmitz et al., 2003; McHale, Bissell, & Kim, 2009)。这就说明,同胞之间的基因相似性导致了个体的社会经历的相似性,并反过来促进同胞的各种社会心理和行为的相似性。总之,在分析同胞关系时离不开基因机制的作用。

## 第五节　文化与政策影响机制

笔者提出的整合模型强调,最外层的环境影响是通过社会文化与社会政策作用于整个家庭及其成员的。对于社会文化的分析,主要强调个体所处的宏观环境中的文化价值观对家庭的影响(这部分内容可参见第十章中"跨文化比较"部分的介绍)。社会政策往往是在国家层面为了社会发展而制定的相应政策,它影响了家庭或者家庭中的个体。我国的计划生育政策对家庭结构及其组成产生了重要的影响。由于"全面二孩"政策才刚开始执行,所以接下去对政策影响的讨论只是初步的分析,有些观点只是一种推断,更期待未来实证研究对之进行探讨。

在生育二孩的家庭计划中,前面的章节已经分析了意外怀孕或者非计划中的怀孕对整个家庭成员(尤其是对第一个孩子)的影响。除了家庭层面的计划准备之外,更宏观的外部原因可能也是重要的影响因素,例如,我国"全面二孩"政策的出台。由于独生子女政策作为国策已经执行了长达三十多年,对 2014 年之前已经生育了一个孩子的诸多家庭来说,可能已经默认自己这辈子只能有一个孩子了。但是 2013 年 11 月及 2015 年 10 月中共十八届三中全会和五中全会相继召开,并逐步推进“全面二孩”政策,从“单独二孩”政策到“全面二孩”政策的实施,让原本的独生子女家庭突然有机会再生育一个孩子。对父母和第一个孩子来说,这实际上是一种非预期的变化。对于父母,他们原本把第一个孩子当作自己唯一的孩子,在养育方面可能会实现亲子投入最大化;相比那些原本就准备要两个孩子的家庭(例如,在“全面二孩”政策实施之前,允许父母均为独生子女的家庭生育第二个孩子,即“单独二孩”政策),他们可能从未跟第一个孩子提起他们会有个弟弟或妹妹,他们自己心理上也没有这样的准备。对于第一个孩子,他们原本是家中唯一的孩子,从未预期(至少在政策出台之前)自己还会有个弟弟或妹妹;相比那些原本就准备要两个孩子的家庭,他们的父母几乎没有跟他们说过他们还可能有个弟弟或妹妹。这种未意料或者非计划中的事件的发生,也许如同意外怀孕一样,对于第一个孩子及其他家庭成员都会造成显著影响。过去的经典研究发现,儿童与父母的关系越亲密,同胞的出现就会引发越强烈的心理不适应,导致儿童出现外显的敌意行为。尤其是之前对儿童过于宠爱的父母,一旦生育了新的婴儿,这种宠爱的减弱或者消失都会造成儿童对新生儿的敌意(Levy, 1937)。在“全面二孩”政策实施之前,父母把第一个孩子当作唯一的孩子,加上作为新手父母,他们之前没有养育孩子的经验,往往会过度保护、溺爱、关心孩子。可以说,第二个孩子或许会成为三口之家的入侵者。尤其是对第一个孩子来说,原本父母所有的关爱都属于他一个人,现在这种关爱要与另外一个同胞分享，这是个意外的打击，势必造成其适应上的困难。同时，我们也要看到，父母对第二个孩子的关爱可能远不及当年对第一个孩子的关爱，这对于第二个孩子也会造成一定的影响。

政策带来的非预期的生育计划还会导致产生生育年龄偏大的“特殊”父母群体。当然，从生理角度来说，凡是适宜生育条件下的生育都不算是特殊的，但是“全面二孩”政策实施之后在符合政策的父母中，有很大比例属于70后或者80后，他们的年龄实际上都接近适合生育年龄的最大值了。假设生育的适龄范围为20—40岁，那么有很大比例的父母可能在40岁左右生育第二个孩子。他们的第一个孩子（在政策实施之前都是独生子女）的年龄可能也相应比较年长，多数处在小学和初中阶段，这些实际上都是社会时间（social timing）的问题（Graber & Brooks-Gunn，1996）。社会时间观点认为，过渡期的时间实际上也是一种社会情境，帮助我们理解某个事件是合时宜的还是不合时宜的。如果个体经历的某个事件与大多数个体不在同一个时间上，那么这些个体就被看作是不合时宜的，他们就会遇到更大的困难。例如，沃林（Volling，2012）提出，如果大多数儿童都是在2—3岁时经历有新同胞的关键期，那么远远偏离这个时间的儿童就被看作是不合时宜的。有些儿童（第一个孩子）可能在10岁时才有了自己的弟弟或妹妹，偏离了通常情况下的同胞年龄间隔，这些被视为不合时宜的家庭也许就不能获得合时宜的家庭所能获得的社会支持，包括类似经历的家庭分享育儿的经验，如何在第二个孩子出生前给予心理的准备，等等。当然，这种在国外被视为偏离或者不合时宜的家庭，在我国可能是普遍存在的、合时宜的家庭。

由于人口政策的影响，实际上我们的研究可看作一个准实验的情境，可以进行各种对比。我们可以比较“全面二孩”政策实施之后符合该政策的父母与之前符合“单独二孩”政策的父母是否有差异性，他们子女的心理发展是否有差异性，他们子女的同胞关系是否有差异性。假设我们现在有两个家庭：一户家庭 A 夫妻均为非独生子女，因此在“全面二孩”政策实施之前只能生一个孩子，在政策实施之时有个 7 岁的孩子，政策实施之后的第一年生育了第二个孩子；另一户家庭 B 夫妻均为独生子女，允许生育两个孩子，在“全面二孩”政策实施之时也有个 7 岁的孩子，并且他们一直计划着再要一个孩子，但计划等到第一个孩子上小学的时候再生育，第一个孩子也一直知道父母想要给自己生一个弟弟或妹妹，他们同样在“全面二孩”政策实施后的第一年生育了第二个孩子。这种政策带来的非预期的生育计划与预期的生育计划下的两户家庭在应对第二个孩子出生的心理准备上是否存在差异？独生子女政策导致的父母自身是否为独生子女的身份上的差别会不会影响他们的养育行为？这些问题值得我们未来去解答。

第十章

# 未来研究展望

本研究的文献综述主要基于欧美等西方国家的文献，目前我国的相关研究极度缺乏。笔者与同事在国内重要的心理学综述性杂志《心理科学进展》上发表了一篇研究构想，介绍了二孩家庭形成初期第一个孩子的适应情况以及可能的家庭保护和风险影响，这可能是国内第一篇心理学视角下的二孩家庭研究学术论文（陈斌斌，王燕，梁霁，等，2016）。缺乏研究的原因是多方面的，一部分原因与我国过去实施三十多年的独生子女政策有关，相关政策使得诸多的中国家庭研究都聚焦于独生子女的心理发展。根据国外的某些人口数据，至少有 80％的家庭都有两个及更多的孩子（Conger & Kramer，2010）。在我国，尽管已经实施“全面二孩”政策，但是目前二孩家庭和多子女家庭的比例非常低。笔者开展国家自然科学基金资助的复旦大学“二孩家庭项目”时，在招募二孩家庭被试时困难重重。尽管挑战很大，但是在中国总人口基数非常大的背景下，相信会有越来越多的家庭生育第二个孩子，而这些家庭急需获得二孩家庭教育相关知识。希望本书能为我国研究者未来探讨第二个孩子来临前后家庭过渡期的研究提供基础性理论和研究框架。当然，许多问题仍需要进一步澄清和解决。

## 第一节　研究方法

### 一、研究设计

如果要分析第二个孩子出生前后家庭过渡期的各种变化,最优的研究设计就是跟踪研究。通过跟踪研究,理解儿童和其他家庭成员以及其社会关系的变化轨迹是非常重要的。通常情况下,在第二个孩子出生前后的跟踪调查中,第一个时间点往往是母亲怀孕的第三个周期,它可以作为变化的基线,去评价家庭的功能以及第一个孩子的行为和心理适应状况。第二个时间点通常是第二个孩子出生之后的第一个月,这个阶段往往可以考察家庭系统的最初变化。随后是出生之后的 3—4 个月,这是第三个时间点,该阶段第二个孩子逐渐与父母建立最初始的社会互动(例如开始会笑),亲子互动明显增加。这些变化会引发第一个孩子对第二个孩子的兴趣或者嫉妒。第四个时间点是第二个孩子 8—9 个月大时,此时他可以爬行,四肢动作逐渐发展成熟,父母会推动两个孩子进行互动。最后一个时间点是第二个孩子 12 个月大时,这不仅代表了第二个孩子满 1 周岁了,而且代表了第二个孩子与母亲的依恋关系发展阶段,也就是重要的早期社会情绪发展阶段。此时,两个孩子之间的互动会更加频繁(Volling, 2005)。当然,从跟踪的角度来说,跟踪的时间越长越好,我们可以继续跟踪至第二个孩子进入童年期、青春期,甚至两个孩子携手进入成年期。但是,跟踪研究需要的人力、物力以及样本的流失

情况都会影响跟踪的时间。

通过跟踪数据,我们可以探讨如下有关第一个孩子适应的问题:不管是积极变化还是消极变化,第一个孩子出现这些变化的时间点是什么?这些变化是在第二个孩子出生之前就出现的,还是在出生之后出现的?如果是出生之后出现的,那么是在第二个孩子出生之后即刻出现,还是在出生较长一段时间之后才出现?在某些家庭中,在第二个孩子出生之前,第一个孩子就出现中等水平的攻击行为,并且随着第二个孩子的出生,攻击行为水平逐渐上升;但是在另外一些家庭中,第一个孩子在第二个孩子出生前后都保持中等水平的攻击行为,没有发生变化,那么对于这两类不同的家庭,是否存在着某些家庭成员个人或家庭环境方面的差异?

沃林(Volling, 2012)还提出,基于二孩家庭形成的过渡期的特点,可以使用测量—连爆设计(measurement-burst design)进行过渡期的研究。测量—连爆设计通常由多个时间测量点组成。一个是长期水平,比如三年的跟踪设计,每年进行一次数据收集。但是在这三年中的每一年又有另外一个短期水平的微连爆测量,它基于更密集的重复测量,例如,连续一周或者两周的重复数据收集。如此两种水平的测量,可以帮助我们了解个体内的变异(即两周内短期的个体变化)以及个体内的变化[即更长期的(每年)持续变化]。测量—连爆设计作为一种较具创造性的方法可以了解在过渡期内突然的、非连续性的变化状况,例如,第一个孩子在弟弟或妹妹出生的过渡期内的变化(例如问题行为),可以分析第二个孩子出生前后两周的变化。

除了理解在二孩家庭过渡期内儿童和其他家庭成员及其社会关

系的变化轨迹之外，我们也可以进一步分析因果关系。例如，在第六章的“亲子关系”部分，探讨了第二个孩子出生之后第一个孩子各种不适应的行为问题随之增加，而这两者的关系可能是因为第一个孩子与父母的亲子关系发生了变化，它作为中介因素引发了后续变化。但是，我们目前仍然不清楚，在过渡期内，第一个孩子的行为问题的增加是亲子关系变差（例如，父母用体罚来管教孩子）所导致的，还是亲子关系变差是因为第一个孩子的行为问题增加，或者是两者同时受到家庭其他子系统的变化的影响（例如，婚姻质量的变化、父母工作与家庭生活的不平衡导致的压力增加）。因果问题的解决需要通过跟踪数据来分析第二个孩子出生前后的变化，方能剖析影响第一个孩子适应问题的根源性原因。

最后，值得指出的是，在研究设计上还可以进行横向比较。一方面，诸多过去的研究缺乏对照组，这种对照组包括独生子女组和多个同胞组。大多数研究所发现的因为第二个孩子的降临而导致第一个孩子出现的问题或者家庭出现的变化，很有可能在非二孩家庭中也会出现。因此，未来研究不仅要采取跟踪调查的方法，而且需要加入非二孩家庭作为对照组，才能更透彻地分析第二个孩子的出现对父母及第一个孩子的影响。对照组的比较也可以在样本内进行横向比较。尽管来自欧美等国家的二孩出生过渡期的研究主要聚焦在第一个孩子的年龄为 2—5 岁这一学步儿期或者童年早期阶段（Volling，2012），但是实际上，第一个孩子的年龄在童年中期和后期这一阶段时面临第二个孩子的出生的人群也不在少数。尤其是在我国“全面二孩”政策实施之后，大多数父母的第一个孩子可能已经到学龄期了,他们的社会理解能力、自我调节能力以及社会能力都比未进入学龄期的孩子成熟得多,在应对第二个孩子出生时其身心变化轨迹与家庭其他成员的应对策略都可能存在显著差异,这值得我们进行横向的比较。

## 二、测量和统计方法

在测量方面,应该采用多维度、多来源的测量手段。在测量来源方面,应该使用来自家庭成员的自评和他评,例如,第一个孩子自己评价自己的心理状态、行为表现,父母评价第一个孩子的心理状态、行为表现。已有的研究发现,父母比儿童可能更容易低估某些同胞之间的问题(Graham-Bermann, 1994);对于同胞关系,年幼的同胞往往感知到在同胞关系中自己被控制或者拒绝,但是年长的同胞往往抱怨隐私问题,或称自己的同胞是个麻烦制造者,显得很不成熟(McGuire, Manke, Eftekhari et al., 2000)。除此之外,测量来源也应该包括与家庭成员无关系的旁观者的观察。例如,研究者对第一个孩子在游戏或者日常生活中的行为进行客观记录,然后作评定。不同来源的测量方法都有其自身的优点和局限性。同胞关系方面的测量可以使用观察的方式,例如设置情境让第一个孩子与刚出生的第二个孩子进行互动,然后基于观察编码系统进行行为计分。比起问卷调查,该方法能够更客观、直接地反映同胞关系。但是编码系统的建立是一个复杂的工程,整个行为编码耗时、耗力,因此应该结合不同来源的测量手段,全方位、更客观地了解调查对象的心理状态和生理状态。

为了理解二孩家庭的互动过程，在研究中应该注意超越家庭间的分析，更注重家庭内部的分析。例如，分析第一个孩子对第二个孩子的反应，不能只分析家庭间的差异，而更应该分析在家庭内部，第一个孩子应对第二个孩子出生时的各种家庭动态过程，包括父亲与第一个孩子的关系和母亲与第一个孩子的关系的相似性与差异性或者关联性，因为在同一家庭内部分析这些动态变化或者关系模式是理解二孩家庭如何作为一个系统运作的开端。例如，在第二个孩子出生之后，父母明显将注意力转移到新生婴儿身上而忽视了对第一个孩子的照料，这种反差会影响家庭内部的其他互动模式，例如同胞关系（例如，出现同胞嫉妒）、亲子关系模式（例如，亲子冲突、亲子依恋降低、第一个孩子与祖父母的关系的提升）等，以及其他家庭成员的应对和适应（例如，父母感到内疚、抑郁等）。又如，同样是应对照料刚出生一个月的婴儿，父亲也许在第一个孩子出生时表现出较少的协同养育，导致婚姻质量一度不佳，但是由于有了第一个孩子出生后的经验，在第二个孩子出生后的一个月中，父亲增加了协同养育投入，婚姻质量就保持良好。这样的家庭动态性的检验只有通过家庭内部分析才能够获得。另外，比较两个孩子的相似性和差异性时，也应该剥离家庭内与家庭间的变异性。如果进行纵向比较发现，在特定年龄两个孩子的表现非常相似（例如，在相同的年龄开始学会走路和说话），那么可以在某种程度上说明，因为拥有相同的生活环境，使得他们的发展很相似，其表现相似性是家庭内部的相似性导致的。

实现家庭内部和家庭间效应分离的方式是运用多层线性模型（hierarchical linear modeling, HLM）分析。该方法改进了普通最小二乘估计(ordinary least squares, OLS)回归和方差等传统的分析方法,因为这些传统的方法都不适宜了解家庭层面的情境的本质,它们只能就某一层数据的问题进行分析,而不能对涉及两层或多层数据的问题进行综合分析(Raudenbush & Bryk, 2002;张雷,雷雳,郭伯良,2003)。在分层数据中,个体隶属于家庭,这就需要同时处理不同水平层次的影响,通过分解不同水平的方差,估计高水平变量对低水平关系的作用,以及评价层级镶嵌关系。例如,在二孩家庭过渡期的研究设计中,可能需要进行多个时间点的追踪,那么对于每个受调查的家庭成员都会有不同时间点的数据,所以不同的时间点应该嵌套于每个个体中。此外,在二孩家庭中,两个孩子来自同一个家庭,那么两个孩子就嵌套于家庭内,这时候就可以运用多层线性模型。多层线性模型还能够计算跟踪时间不均等的数据(Shanahan, McHale, Osgood et al., 2007)。例如,在二孩家庭过渡期研究中,有不少研究者会在第二个孩子出生前 3 个月开始跟踪(W1),随后在第二个孩子出生后的第一个月(W2)、第四个月(W3)、第六个月(W4)及第十二个月(W5)分别开展跟踪。其中 W1 与 W2 之间相差 4 个月,W2 与 W3 相差 3 个月,W3 与 W4 相差 3 个月,而 W4 与 W5 相差 6 个月,而多层线性模型可以分析这种时间间隔不相同的跟踪数据。

此外,多层线性模型的统计方法还可以运用到行动者—搭档相互作用模型(actor - partner interdependence model, APIM)中,探讨双向的关系(例如,母亲与第一个孩子的关系、母亲与第二个孩子的关系)间的相互作用(Kenny, Kashy, & Cook, 2006)。例如，在过渡阶段，第一个孩子的心理适应状况（行动者）与母亲自身的心理适应状况（搭档）可能会影响第一个孩子对母亲与自己的亲子关系的感知。另外，基于家庭系统理论的研究也应该结合多层线性模型的分析技术进行研究（Jenkins & Dunn，2009）。例如，儿童嵌套于某种双向关系中，而这些双向关系又嵌套于整个家庭系统中，同时家庭又嵌套于更大的组织结构（例如，社区、文化群体、地区经济状况和贫富差距等）中。每一层都各自存在着变异性，所以需要在更高层级予以解释。例如，每一个儿童都存在着差异性，这可能是作为其上一层影响因素的亲子关系影响的结果，而作为双向关系的亲子关系在不同家庭中存在着显著的差异，多层或者多水平的分析视角也将是未来研究的新方向。

### 三、多学科视角

二孩家庭的研究不仅是心理学单学科研究的问题，该领域的研究应该整合不同的学科，包括人口学、人类学、社会学、生命科学、医学、行为遗传学、计算机科学等，以及心理学的多个分支，包括发展心理学、儿童心理学、家庭心理学、心理治疗和咨询、学校与社区心理学等，共同探讨二孩家庭形成和发展过程中的本质和机制。

在第一个孩子的心理准备方面，可以展开医学、护理学和心理学方面的相互合作，在医院合作开设迎接第二个孩子出生的课程班。第一个孩子可以学会如何感知在母亲肚里的胎儿，观察母亲如何照顾新出生的弟弟或妹妹，如何协助父母照顾新出生的婴儿（Bliss，1980；Sweet，1979；Wilford & Andrews，1985）。可以充分发挥与医学与护理学相关的护理经验，同时发挥心理学在儿童心理认知方面的所长，设置个性化的指导课程，帮助第一个孩子快速进入同胞关系建立期。另外，不管是医学还是心理学，都注重课程的效果，因此，研究者可以通过对参与与未参与课程的儿童进行比较，分析第一个孩子的自我照料行为、指向新生同胞的行为，以及指向父母的亲子关系及其行为的变化，这些将会是检验第一个孩子参与心理准备课程效果的重要指标(Kramer & Ramsburg, 2002)。

在父母养育方面，越来越多的父母会在网络上(例如，微信、微博、博客等)分享自己孕育第二个孩子的经验或者提出困惑，而这些信息从计算机科学或者现在热门的大数据科学的视角来看，都是宝贵的数据资源。可以利用计算机技术，建立数据库，结合心理学的相关理论建立模型，自动生成最科学、最被广泛接受的二孩养育模式，并通过诸如微信公众号、育儿网站或者相关平台，为广大家庭提供便捷的育儿资讯。

### 四、跨文化比较

回顾本书论述的二孩家庭形成的过渡期的研究文献不难发现，几乎所有的文献都是基于北美与欧洲社会文化环境的研究结果。只有少数研究来自亚洲地区(Kojima, 1999)，而来自华人社会的研究极其有限。令人惊讶的是，在香港、澳门、台湾等未实施独生子女政策的地区，也很少发现有研究是探讨二孩家庭形成过程中的过渡阶段问题的。

有学者认为同胞关系具有文化的普适性，并总结了一些结论：

同胞是儿童成长中的伴侣,同胞间拥有共同的家庭历史;文化赋予了同胞角色以及具有含义的关系,从而使得同胞总具有影响作用等(Weisner, 1989)。尽管如此,依旧可以发现我们的文化在整个家庭互动中的作用,尤其是赋予其不同的家庭价值观,此时文化差异就显而易见了。过去的一些研究开始关注多子女家庭中的文化效应(Rabain-Jamin, Maynard, & Greenfield, 2003; Zukow-Goldring, 2002; Zukow, 1989)。例如,在一些非西方的社会中,同胞冲突不被视为消极之事,父母们常常不会直接干预同胞的冲突,而是让同胞自己解决冲突(Maynard, 2004; Zukow-Goldring, 2002)。又如,在有些文化中,先出生的同胞其年龄在4—5岁时就已经承担起主要照料者的角色——照顾比自己年幼的同胞,更强调同胞之间的相互依靠,但在有些文化背景下并不如此明显(Weisner, 1987)。这就说明有关同胞作用的不同文化准则会决定同胞间的相互作用和影响机制、程度和内容。此外,我们也可以根据中西方的文化差异作出一些非常有意义的推论。例如,同样是同胞关系,在儒家文化中有"孔融让梨"的同胞地位高低的区分,但是在西方社会强调自我、平等的文化价值理念的影响下,在应对新的同胞出生时可能就会有显著的差异。儒家文化下的同胞会更加接受和疼爱新的同胞,同胞关系更趋和谐;但是在西方社会同胞间的冲突可能更强烈。例如,中国自古就有"长兄为父"的观念,这是否在二孩家庭形成过程中同样有所体现?在第一个孩子是男孩的情况下,其与后出生的第二个孩子之间的同胞关系理应更融洽,更会接受并照顾第二个孩子。但是在没有进行文化比较的情况下,这些假设只能是缺乏实证依据的推论。期望在未来的研究中，能够采取跨文化的视角去分析可能存在的文化差异和普适性问题。

由于家庭文化价值观念的差异，第二个孩子出生后的一系列经历折射出的心理意义或者作用也不同，其中一种经历就是父母对后出生孩子的偏爱。已有的美国白人研究发现，父母对某个同胞的偏爱往往会导致儿童出现适应问题（参见第六章中就父母差别对待问题的分析）。但是后来基于美国少数裔群体（例如，墨西哥裔美国人）的研究发现，这类家庭成员，包括年长的同胞往往拥有很强的以家庭为核心的观念，强调家庭成员之间的相互支持、依靠和忠诚，因此他们不太可能因为父母更偏爱年幼的同胞而表现出抑郁情绪或者不良行为（McHale, Updegraff, Shanahan et al., 2005），他们更善于解决同胞冲突（Killoren, Thayer, & Updegraff, 2008）。这种因为家庭观念上的文化差异所导致的家庭成员的适应差异，值得我国的研究者借鉴。例如，在我国这样一个弘扬集体主义及重视家庭等级观念的社会，如同墨西哥裔美国人一样，第一个孩子是否并不会因为父母偏爱第二个孩子而出现适应困难？又如，在这样一个过渡阶段，有了同胞之后父母微妙的性别偏爱会引发儿童的性别认同感加快建立还是会导致发展滞后？同时，同性同胞和异性同胞在性别认同感建立过程中是否存在差异？诸如此类的问题都可以通过文化的比较得到答案。

当然，当我们考虑我国问题时，不得不认识到社会的巨大变迁导致我国不同地区差异明显。首先，在我国的某些省份，计划生育政策执行时期就有允许某些家庭生育二孩的情况，而在某些农村或者边远地区，由于计划生育政策执行不力，家庭普遍会生育两个或更多的孩子，过去的研究并没有关注过这些家庭中二孩过渡阶段的相关问题。其次，我国传统的子女养育文化随着社会的变迁发生了重要的变化，年轻一代父母的养育观念与其父母辈的养育观念可能存在着明显的差异，这是否会造成祖父母的隔代养育与父母养育之间的冲突？这种冲突是否造成整个家庭在二孩过渡阶段出现问题？再次，随着社会经济改革带来的地区发展差异，农村人口大量涌入城市，在中国社会出现了两类儿童群体——留守儿童和流动儿童。由于他们各自的特点，产生诸多值得研究的问题。对于留守儿童，父母离开他们进城务工，留在家中的这些儿童缺乏父母的照顾，会出现诸多社会心理适应问题(Chen，2012)。对于那些有同胞的留守儿童，他们的心理适应问题是否会得到一定程度的缓解？尤其是那些获得同胞支持的留守儿童，这是否会促进他们的各种社会适应？对于流动儿童，他们随父母一起进入城市生活，将面临城市文化融入的挑战(Chen，2012，2014)。到底是接受城市的文化，还是保留农村的文化，是流动儿童需要解决的适应问题。例如，已有的国外研究发现，墨西哥裔美国儿童如果更重视墨西哥文化，他们往往在放学时间会更多地与自己的同胞或者其他亲戚互动(Updegraff，McHale，Whiteman et al.，2005)。鉴于家庭文化价值观的重要性，我国来自不同社会文化背景的家庭是否也会出现类似现象？值得站在更大的社会文化视角下，探讨二孩家庭形成的过渡阶段家庭各种机制的关系与适应问题，通过对这些问题进行深入分析和探讨，获得更深层次的文化层面的解释。

## 第二节 研究内容

### 一、家庭结构的重组

过去有研究者指出，随着第二个孩子的出生，家庭结构会发生改变，出现了更多的双向关系以及三角关系（Kreppner，1988）。这些关系随着第二个孩子的逐渐成长以及家庭内部结构的重组而趋于稳定。那么家庭结构重组后关系模式的稳定性及家庭适应之间的关联是怎样的？它们之间的因果关系是怎样的？它们之间是正向的关联还是负向的关联？例如，在第二个孩子 2 岁左右，家庭系统中的各种关系模式逐渐稳定下来，这是否意味着家庭各成员也逐渐适应了？对于这些问题并无探讨，需要在未来予以解答。

另外，也许在不久的将来，我国的人口政策还会继续调整，不仅出现二孩家庭，未来还会出现三孩家庭、四孩家庭等各类多子女家庭，此时家庭的结构和关系将更复杂。多元的家庭成员关系将使家庭互动模式更加复杂，家庭结构也将不断调整。

除了因二孩或多孩诞生而自然形成的家庭结构重组之外，外在因素也会产生影响。随着社会的变迁，近年来我国的离婚率有明显上升趋势（孟秋丽，2000；谭远发，宋寅书，2015；徐安琪，叶文振，2002）。因离婚之后的家庭重组而组建的二孩家庭或者多子女家庭不容忽视（McGuire & Shanahan，2010）。有些重组家庭会生育新的婴儿，那么在这类家庭中儿童或青少年是如何应对与自己有一半血缘关系的同胞的？父母又是如何对待不同的子女的？这些都值得我们未来去关注和探讨。

## 二、父母的成长

有研究者提出，比起一孩父母，二孩父母似乎更能体验为人父母的自我成长，也更能促进他们的个体发展（Kreppner, 1988）。在之前的文献回顾中，我们已经发现，第一个孩子在适应第二个孩子出生的过渡阶段中，既出现了积极的适应表现，又出现消极的不良适应及其结果。可见，在过渡阶段第一个孩子的身心变化是非常复杂的，而这离不开家庭环境中其他成员的影响和作用，其中之一就是父母。父母的养育技能是否成熟，心理准备是否充分，以及父母之间的协同养育是否有效，都无疑会对第一个孩子的适应带来影响。上述这些与父母有关的因素并不是突然出现或者立刻形成的，也是随着父母自身的成长而发展起来的。例如，父母之间的协同养育也许不是突然之间在第二个孩子出生后就变得那么高效，而是随着父母的相互磨合、沟通、妥协，逐渐变得有效起来。如何让父母的成长能跟上出现的各种问题或者挑战，能够与之匹配，将是异常重要的内容。又如，不管是父亲还是母亲，即使他们已经是有经验的人父人母了，当经历第二个孩子的出生时，有些人还是会出现心理不适应，出现抑郁等情绪问题（Condon & Esuvaranathan, 1990; Kojima, Irisawa, & Wakita, 2005）。

其他值得关注的与父母有关的两个重要因素是婚姻关系以及工作与家庭的平衡状况。首先，父母的婚姻质量在第二个孩子降临时会迎来一定的挑战，婚姻质量的变化，尤其是消极变化，会直接影响家庭系统。例如，之前的章节介绍过，婚姻质量被视为一种间接作用机制影响同胞关系（Whiteman, McHale, & Soli, 2011）。一方面，

通过社会学习,同胞未能在父母关系中获得积极的榜样,导致建立消极的同胞关系;另一方面,在溢出效应的影响下,父母婚姻子系统的消极方面会给同胞关系子系统带来压力,造成同胞关系出现严重问题。如何在过渡阶段调整婚姻关系,努力朝着积极方向发展,对父母来说既是挑战也是成长过程。

在父母的工作与家庭的平衡问题上,不管是父亲还是母亲,家中多了一个孩子,就会增加养育投入。国外的研究发现,母亲如果再生育,就会在未来几年减少工作的时间(Baydar, Greek, & Brooks-Gunn, 1997)。在一项关于初次生育和第二次生育的母亲的调查中,研究者发现,在初次生育的母亲中,有82.5%的孕妇还在全职工作,不工作的只占12.5%;而在第二次生育的母亲中,只有21.4%的母亲还在全职工作,不工作的占57.1%(Krieg, 2007)。这说明生育与抚养两个孩子需要母亲更多地投入到家庭生活中。

生育两个孩子之后,如何平衡工作和家庭是父母需要面对的一个重要的问题。过去的研究发现,母亲在生育第二个孩子之后会更多地投入到家庭中,减少对工作的投入,因此在许多家庭中,父亲会增加工作上的投入,以弥补因母亲减少工作投入而造成的收入减少,以及通过更大量的工作来增加收入,以满足两个孩子的需求(Stewart, 1990)。目前尚未有研究分析在二孩家庭的过渡阶段,父母的工作与家庭的平衡状况是怎样影响整个家庭的适应状况的。例如,父亲工作量增加了,同时第一个孩子对父亲的需求也增加了,这是否导致父亲的压力急剧增加,从而影响其心理状况及整个家庭的功能?我们从过去的研究中发现,父母在工作中的压力水平以及工作与家庭的平衡状态会对父母自身以及家中子女的行为问题产生重要的影响。我国的研究还发现，生育对我国女性工资水平产生显著的负面影响，统计结果发现，对于女性，每生育一个子女会造成女性工资水平下降约7%（於嘉，谢宇，2014）。这对第二次做妈妈的女性来说是个不好的消息。

根据过去这些研究思路和启发，我们可以探讨，第二个孩子出生前后，父母的工作与家庭的平衡状态是否发生了变化？对于处在二孩家庭过渡阶段中的父母，他们各自的工作状况是否会影响家庭的动态关系及结果？其影响机制是什么？对于女性，在第二次怀孕之后需要考虑多个因素，其中包括是否需要重新回到工作岗位。如果要继续工作，需要考虑何时重新工作才是合适的。二次怀孕势必给所在工作单位带来人员安排上的困难，那么女性体验到的工作单位的支持程度是否会影响其对家庭的投入以及随后会对子女产生什么影响？这些问题都值得我们系统地分析和探讨。

### 三、第二个孩子的成长

在探讨同胞关系时，本书主要聚焦在第一个孩子身上，一方面是因为，作为胎儿或者刚出生的婴儿的第二个孩子，他们相对比较年幼，在生理和心理方面都非常不成熟；另一方面是因为，在过渡期，更成熟的第一个孩子的心理反应非常关键——他在整个同胞关系中更占主导性。过去的研究文献以及本书主要讨论的研究议题都围绕着第一个孩子的生理和心理发展去分析，但是我们不能忽视的是，在过渡期，第二个孩子实际上也在成长和发展，这些必定离不开这个动态变化的家庭。布朗芬布伦纳(Bronfenbrenner, 1979)早已提出,人类的发展受到不同社会角色的人们的互动的影响。在同胞关系中,第一个孩子为第二个孩子提供了最早与最先的儿童与儿童间的互动经历,为他们提供重要的社会技能发展的社会化情境,有助于为第二个孩子在家庭之外的同伴关系发展奠定基础。例如,当我们探讨儿童产生问题行为的根源时,在多子女家庭中,同胞关系是必须分析的因素,因为同胞关系会造成同胞不良影响或者产生不良问题训练的效应(Buist, 2010; Defoe, Keijsers, Hawk et al., 2013;陈斌斌,明玉君,刘俊升,2009)。这是一种社会化的过程,通过同胞之间的互动(例如,谈论犯罪行为,对违法、违规活动或者言论表达积极的态度),一方刺激另一方参与不良行为,并互相维持和强化各自的不良行为。例如,一项追踪设计的交叉滞后研究发现,同胞的外化行为问题与青少年的外化行为问题之间存在双向的关联性(Defoe, Keijsers, Hawk et al., 2013)。因此,家庭系统不能回避同胞关系的作用。即使在第二个孩子非常小时,第一个孩子如果出现行为问题,父母也一定要进行必要的干预,避免在同胞社会化的过程中带来不良问题训练的后果。甚至有研究发现,同胞训练会导致分化,第二个孩子早期的行为问题也有可能导致第一个孩子的问题反而变小,这是因为第一个孩子的成熟认知使其明白问题行为带来的后果,从而减少这类行为的发生(Daniel, Plamondon, & Jenkins, 2018)。同胞间的相互影响是非常复杂的,有必要作细致的分析。

同胞关系层面的另一大特点是,两个孩子各自有独特的角色,他们的关系是不对称的,并且具有互补性。例如,第一个孩子为第二个孩子提供了安全的港湾，是除了父母之外的又一重要的依恋对象，促进他们的社会性探索能力的发展。已有研究发现，学步儿在他们的年长同胞在场的情况下，更可能去探索不熟悉的区域（Samuels, 1980）。又如，在游戏互动中，第一个孩子往往扮演着或者实际承担着老师、帮助者的角色，而第二个孩子相应地成为学习者或者求助者（Brody, 1998）。例如，第二个孩子的语言发展能力是否受到同胞的影响？维果茨基的支架理论就可以运用到第二个孩子在与第一个孩子互动中，其包括语言在内的认知能力的发展和提高的解释上。第一个孩子能为第二个孩子提供各种促进后者的社会、情感、认知等方面的技能发展的机会，包括冲突管理、认同或者同一性的建构、情绪控制、社会理解等社会情绪方面的能力。对于认知、社会情绪、学业等方面的能力发展良好的孩子，他们为自己的弟弟或妹妹设置了一个标尺，这个标尺在一定程度上鼓励了他们的弟弟或妹妹。已有的研究发现，对于年龄小的同胞，如果他们希望自己像年长的同胞一样，并因而建立相似的动机或者目标，就有助于他们实现更高的目标，并能更快速地成长与发展，这是没有同胞的儿童所欠缺的（Kramer & Conger, 2009）。这方面的研究非常欠缺，仅有少数研究关注这一问题（Dunn & Shatz, 1989）。即使有关注第一个孩子对弟弟或妹妹的影响的研究，也仍然聚焦在第一个孩子身上（Hoff-Ginsberg & Krueger, 1991）。

但是，随着第二个孩子的成长，他从被动的角色逐渐转变成主动的角色（Noller, 2005）。例如，当第二个孩子到达学前期，他们更能胜任参与第一个孩子的游戏活动，成为第一个孩子的游戏伙伴。随着第二个孩子的成熟，其互动能力逐渐增强，导致同胞之间更容易产生攻击行为和冲突(Song, Volling, Lane et al., 2016)。在过渡期，处在婴儿期的第二个孩子与处在童年早期的第一个孩子之间可能存在的冲突往往是个人物品的归属问题或者对父母关注的争夺，但是随着各自的成长，同胞之间的冲突不再局限在这些方面，转而强调社会关系方面的问题，例如某些令人不愉快的对话导致自尊受伤而引发冲突或者出现行为控制(McGuire, Manke, Eftekhari et al., 2000; Raffaelli, 1992)。

尽管我们之前提到，对于年龄相近的同胞，他们之间的问题会更多，但是需要注意的是，同胞关系也会随着他们自身的发展而发生变化。从毕生发展的角度来看，处在童年早期的同胞关系往往趋向高冲突，其后随着年龄的增长，冲突水平逐渐下降，关系更趋平等，而在成年期，同胞关系显得更加亲密和更具支持性(Vandell & Wilson, 1987)。

最后，应该考虑随着第二个孩子的成长，家庭环境以及外部更大的环境对第一个孩子的影响可能与第二个孩子的作用越来越相近。例如，已有的研究发现，由于第一个孩子年龄稍长，其成熟的社会认知能力让他们理解父母婚姻关系中的和睦和冲突，因此，父母婚姻质量好坏对年长同胞的影响要高于对年幼同胞的影响(Erel, Margolin, & John, 1998)。但是，随着第二个孩子的成长，他们与第一个孩子受到的影响可能逐渐接近。对第二个孩子的成长来说，未来的工作还应该考虑第一个孩子与父母相对的影响以及联合影响。也就是说，在分析第二个孩子的成长时，不能单纯地只考虑作为同胞的第一个孩子的作用，而忽视父母的作用，反之亦然。

综上所述，未来的研究不应该忽视在整个过渡期第二个孩子的心理和生理发展是怎样的，他们是如何受到家庭其他成员以及各种社会关系影响的，以及这种影响的机制是怎样的，尤其应关注年长同胞对年幼同胞的认知、社会与情绪发展所起到的独特作用。

## 第三节 实践与应用

### 一、网络与新媒体的作用

对二孩父母的社会支持媒介应该包括目前的网络与新媒体。例如，一些网络交流平台（微博、微信等）提供各类养育二孩的咨询和信息，父母们还通过这些平台来交换资源。目前有诸多的帮助父母合理养育的网络程序，以提高他们的养育技能以及自己和儿童的身心健康，这些线上资源和线下资源一样重要和有效（Nieuwboer, Fukkink, & Hermanns, 2013）。对于当代父母，他们最重要的学生时代正是网络全面普及的年代，他们的生活已经离不开网络。在每天的生活中，不管是工作、学习还是交友、购物、娱乐，几乎都可以通过网络来实现。因此，在面对二孩出生的挑战时，他们也会自然而然地向网络与新媒体求助。他们可以借助网络寻求不住在一起的祖父母的帮助，直接获得祖父母关于养育孩子的建议；他们可以通过某些互动网站直接与自己的医生交流，24 小时询问家中孩子的病症。

尽管网络与新媒体比不上面对面的亲人间的互动，但是在一定程度上它提供了额外的资源或者社会资本（Bartholomew, Schoppe-

Sullivan, Glassman et al., 2012; Madge & O'Connor, 2006),有助于解决二孩家庭过渡期中遇到的问题。例如,将自己育儿的经验上传到朋友圈,甚至即使上传自己孩子的照片并获得评论和点赞,都能让父母满意自己养育子女这一角色(Bartholomew, Schoppe-Sullivan, Glassman et al., 2012)。

但是,值得注意的是,从社会支持的功能来讲,网络与新媒体的支持可能更多的是信息性的社会支持,缺乏情感的支持。比如目前广泛使用的微课,往往微课结束之后该微信群就解散了,但实际上这些微信群的成员本身就对二孩养育的相关心理学知识有需求,也有一定的经验,微信群就可以成为一种社会支持网络。如果能够继续保持微信群的运转,就能在一定程度上促进二孩父母群体获得更多的社会支持。

## 二、预防与干预

首先,对二孩家庭的干预要注重早预防和早干预。有些孩子在弟弟或妹妹出生之后的一个月内就出现了明显的破坏性或者外化的行为问题,尽管这类儿童所占比例很低,但是这些最初的行为问题最终将会直接预测同胞关系质量,他们发展不良同胞关系的风险最高(Volling, Yu, Gonzalez et al., 2014)。如果能够尽早确认这些孩子,并且能够让家庭心理咨询师尽早干预,将不仅有助于这些孩子自身的发展,而且能促进整个家庭关系积极发展。例如,本书在第四章"第一个孩子的心理准备"一节中介绍了第一个孩子对于即将出生的弟弟或妹妹表现出嫉妒情绪时,父母可以通过游戏互动等方式,简单地预测第一个孩子可能出现的反应。如果第一个孩子有嫉妒的情绪，就说明他们在情绪管理和社会理解能力等方面存在着不足，可以进行早期干预。肯尼迪和克雷默(Kennedy & Kramer, 2008)就基于提高情绪调节能力研究如何提高同胞关系的质量。他们创立了一个针对年龄在4—8岁的孩子，称为"有哥哥姐姐弟弟妹妹在一起更快乐"的预防性干预项目。根据不同年龄段儿童的发展特点，进行情绪和社会能力方面的训练，其内容包括如何启动与同胞的玩乐互动，如何培养观点采择能力，如何辨别和区分不同的情绪，如何调节情绪和处理愤怒感受，等等；训练的形式可以是模仿、角色扮演、表现反馈等。训练之后的儿童提高了同胞关系的质量。早在该"有哥哥姐姐弟弟妹妹在一起更快乐"项目之前，还有一个面向更小年龄群体的干预，即"快乐地与哥哥姐姐弟弟妹妹在一起"项目(Kramer & Gottman, 1992)。该项目的第一个孩子(或者年长同胞)的年龄在4—6岁，而第二个孩子(或者年幼同胞)的平均年龄为18个月大。其目标是训练第一个孩子的六项能促进积极同胞互动的基本社会技能，包括如何建立与弟弟或妹妹游戏的良好方式，如何接受游戏邀请，如何用恰当方式婉拒游戏邀请，如何培养观点采择能力，如何处理消极情绪，以及如何提高冲突管理能力。而在训练技术上，他们强调模仿、重复、表现反馈以及类化训练。在实际干预中，两个成年指导者讨论并演示每种社会技能，随后让每个参与干预的儿童通过与另一个儿童一起进行角色扮演来操练这些技能，每个儿童都能获得及时的反馈以及进一步的指导。类化训练的目的是让项目情境中的行为能够泛化到家庭环境中，因此项目组会邀请父母参与进来，让父母帮助他们的孩子保持他们已习得的与同胞互动相关的社会技能。他们的研究证明,在同伴情境下的社会技能训练是一种非常有效的干预方式,能促进同胞关系的积极发展,包括同胞关系更温暖,同胞之间的竞争性下降,指向同胞的问题行为水平下降,同胞之间的关系更趋平等化,等等。

当然,除了让儿童作为主体参与干预之外,父母也应该接受一定的培训,作为干预或者预防的手段。有研究基于干预的方案,让实验组的父母学会调解同胞关系(冲突)的策略,而控制组没有接受这类训练。结果发现,教会父母如何使用正式的调解同胞关系(冲突)的策略有利于儿童使用更具建设性的冲突解决策略,并展现出社会认知能力的提高,从而促进同胞关系往积极方向发展(Smith & Ross, 2007)。

其次,在家庭治疗和干预中,我们需要注意使之区别于传统的独生子女家庭治疗和干预,因为基于二孩家庭的干预项目增加了同胞关系这一因素,相关的干预项目都应该考虑同胞关系的作用。麦克黑尔等人(McHale, Updegraff, & Whiteman, 2012)将干预分成三个领域:第一个领域的干预仅聚焦于家庭目标成员(例如,只聚焦于第一个孩子);第二个领域的干预聚焦于以家庭为基础的干预项目,试图通过家庭层面的干预效果使家庭内部的目标成员受益;第三个领域的干预聚焦于通过改变家庭成员(例如,父亲、母亲、第一个孩子或者第二个孩子)的行为、技能或者认知来实现改变家庭成员的关系(例如,第一个孩子与母亲的关系、两个孩子的同胞关系)。过去的干预项目主要聚焦于童年期或者青少年期的同胞关系改善或者个体行为问题的干预(Hostetler & Feinberg, 2014; Kennedy & Kramer,

2008)，鲜有在二孩家庭过渡期内的干预项目，未来值得进一步开发和设计此类项目。

再次，以实验为基础的干预也是非常重要的。在设计干预项目时应该同时考虑设置控制组作为参照，这样方能有机会研究二孩家庭互动过程对家庭成员的作用的因果效应，对以实验为基础的干预项目的检验才具有理论意义和实际意义。例如，刚才提到的“有哥哥姐姐弟弟妹妹在一起更快乐”的干预项目，就将招募到的参与者随机分成实验组和比较组，实验组接受5次(每次1小时)训练课程，控制组作为候选对象，实际上没有参与训练课程，但是与实验组一起接受了前后测，并在后测之后参与了与实验组相同的训练课程。为了检测干预项目的质量，他们进行了多方面(同胞关系的温暖、敌意、竞争性等)、多来源(父母的评价、观察)的测量，更全面地反映了干预效果(Kennedy & Kramer, 2008)。但是，目前基于实验的干预研究都聚焦于儿童与青少年的行为问题方面(Feinberg, Solmeyer, Hostetler et al., 2013)，很少通过实验的方式分析第一个孩子或者父母在应对第二个孩子的出生时遇到问题应进行的心理干预。未来我们可以借鉴过去好的、有效的干预项目，将其运用到二孩出生过渡期内相关问题的干预和预防中。

最后，干预或者预防的目的不仅包括减少问题行为的发生，更包括促进积极行为的形成和发展。过去有关同胞冲突的干预研究发现，如果研究者为了降低同胞冲突而将同胞隔离，让他们各自单独完成活动，避免一起互动，虽然此类干预项目的确可以减少同胞间的冲突，但是并不能促进同胞间适宜行为的形成和发展(Leitenberg,

Burchard, Burchard et al., 1977)。如此干预方式实际上并不有利于同胞社会能力的习得。同样,这种隔离式干预或者预防也不适用于对第一个孩子在过渡期表现出的消极或敌意行为进行心理矫正。未来开发旨在提升积极同胞关系的预防项目是非常有必要的。

# 参考文献


Abramovitch, R., Corter, C., & Lando, B. (1979). Sibling interaction in the home. *Child Development*, *50*, 997 - 1003.

Abramovitch, R., Corter, C., Pepler, D. J., & Stanhope, L. (1986). Sibling and peer interaction: A final follow-up and a comparison. *Child Development*, *57*, 217 - 229.

Abuhatoum, S., & Howe, N. (2013). Power in sibling conflict during early and middle childhood. *Social Development*, *22*, 738 - 754.

Adler, A. (1959). *Understanding human nature*. New York: Premier Books.

Aguilar, B., O'Brien, K. M., August, G. J., Aoun, S. L., & Hektner, J. M. (2001). Relationship quality of aggressive children and their siblings: A multiinformant, multimeasure investigation. *Journal of Abnormal Child Psychology*, *29*, 479 - 489.

Ahlborg, T., Misvaer, N., & Möller, A. (2009). Perception of marital quality by parents with small children: A follow-up study when the firstborn is 4 years old. *Journal of Family Nursing*, *15*, 237 - 263.

Ainsworth, M. D. S. (1989). Attachments beyond infancy. *American Psychologist*, *44*, 709 - 716.

Alderfer, M. A., Stanley, C., Conroy, R., Long, K. A., Fairclough, D. L., Kazak, A. E., & Noll, R. B. (2015). The social functioning of siblings of children with cancer: A multi-informant investigation. *Journal of Pediatric Psychology*, *40*, 309 - 319.

Anderson, J. E., Marks, J. S., & Park, T. - K. (1984). Breast-feeding, birth interval, and infant health. *Pediatrics*, *74*, 695 - 701.

Ansbacher, H. L., & Ansbacher, R. R. (1956). *The individual psychology of Alfred Adler*. Oxford, England: Basic Books.

Arnold, F. (1985). Measuring the effect of sex preference on fertility: The case of Korea. *Demography*, *22*, 280 - 288.

Arnold, F., & Liu, Z. (1986). Sex preference, fertility, and family planning in china. *Population and Development Review*, *12*, 221 - 246.

Atzaba-Poria, N., & Pike, A. (2008). Correlates of parental differential treatment: Parental and contextual factors during middle childhood. *Child Development*, *79*, 217 - 232.

Axinn, W. G., Barber, J. S., & Thornton, A. (1998). The long-term impact of parents' childbearing decisions on children's self-esteem. *Demography*, *35*, 435 - 443.

Bahk, J., Yun, S. - C., Kim, Y. - M., & Khang, Y. - H. (2015). Impact of unintended pregnancy on maternal mental health: A causal analysis using follow up data of the Panel Study on Korean Children (PSKC). *BMC Pregnancy and Childbirth*, *15*, 1 - 12.

Baldwin, A. L. (1947). Changes in parent behavior during pregnancy: An experiment in longitudinal analysis. *Child Development*, *18*, 29 - 39.

Bandura, A. (1977). *Social learning theory*. Englewood Cliffs, NJ: Prentice Hall.

Barber, J. S., & East, P. L. (2009). Home and parenting resources available to siblings depending on their birth intention status. *Child Development*, *80*, 921 - 939.

Barr, R., & Hayne, H. (2003). It's not what you know, it's who you know: Older siblings facilitate imitation during infancy. *International Journal of Early Years Education*, *11*, 7 - 21.

Bartholomew, M. K., Schoppe-Sullivan, S. J., Glassman, M., Kamp Dush, C. M., & Sullivan, J. M. (2012). New parents' facebook use at the transition to parenthood. *Family Relations*, *61*, 455 - 469.

Baydar, N., Greek, A., & Brooks-Gunn, J. (1997). A longitudinal study of the effects of the birth of a sibling during the first 6 years of life. *Journal of Marriage and the Family*, *59*, 939 - 956.

Belsky, J. (1984). The determinants of parenting: A process model. *Child Development*, *55*, 83 - 96.

Belsky, J., Crnic, K., & Gable, S. (1995). The determinants of coparenting in families with toddler boys: Spousal differences and daily hassles. *Child Development*, *66*, 629 - 642.

Belsky, J., & Pluess, M. (2009). Beyond diathesis stress: Differential susceptibility to environmental influences. *Psychological Bulletin*, *135*,

885 - 908.

Belsky, J., & Rovine, M. (1984). Social-network contact, family support, and the transition to parenthood. *Journal of Marriage and the Family*, *46*, 455 - 462.

Bengston, V. L., & Robertson, J. F. (1985). *Grandparenthood*. Beverly Hills, CA: Sage.

Berger, S. E., & Nuzzo, K. (2008). Older siblings influence younger siblings' motor development. *Infant and Child Development*, *17*, 607 - 615.

Berlin, L. J., Cassidy, J., & Appleyard, K. (2008). The influence of early attachments on other relationships. In J. Cassidy & P. R. Shaver (Eds.), *Handbook of attachment: Theory, research, and clinical applications* (2nd ed., pp. 333 - 347). New York: Guilford Press.

Blackwelder, D. E., & Passman, R. H. (1986). Grandmothers' and mothers' disciplining in three-generational families: The role of social responsibility in rewarding and punishing grandchildren. *Journal of Personality and Social Psychology*, *50*, 80 - 86.

Blake, J. (1981). Family size and the quality of children. *Demography*, *18*, 421 - 442.

Blau, P. M., & Duncan, O. D. (1966). Some preliminary findings on social stratification in the United States. *Acta Sociologica*, *9*, 4 - 24.

Bliss, J. (1980). Sibling classes promote family bonding. *Dimensions in Health Service*, *57*, 30 - 31.

Bost, K. K., Cox, M. J., Burchinal, M. R., & Payne, C. (2002). Structural and supportive changes in couples' family and friendship networks across the transition to parenthood. *Journal of Marriage and Family*, *64*, 517 - 531.

Bouchey, H. A., Shoulberg, E. K., Jodl, K. M., & Eccles, J. S. (2010). Longitudinal links between older sibling features and younger siblings' academic adjustment during early adolescence. *Journal of Educational Psychology*, *102*, 197 - 211.

Bower, D., Jia, R., Schoppe-Sullivan, S. J., Mangelsdorf, S. C., & Brown, G. L. (2013). Trajectories of couple relationship satisfaction in families with infants: The roles of parent gender, personality, and depression in first-time and experienced parents. *Journal of Social and Personal Relationships*, *30*, 389 - 409.

Bowlby, J. (1969). *Attachment and loss. Vol.1. Attachment*. New York: Basic Books.

Brody, G. H. (1998). Sibling relationship quality: Its causes and consequences. *Annual Review of Psychology*, *49*, 1 - 24.

Brody, G. H., & Murry, V. M. (2001). Sibling socialization of competence in rural, single-parent African American families. *Journal of Marriage and Family*, *63*, 996 - 1008.

Brody, G. H., Stoneman, Z., & Gauger, K. (1996). Parent-child relationships, family problems-solving behavior, and sibling relationship quality: The moderating role of sibling temperaments. *Child Development*, *67*, 1289 - 1300.

Brody, G. H., Stoneman, Z., & MacKinnon, C. E. (1986). Contributions of maternal child-rearing rearing practices and play contexts to sibling interactions. *Journal of Applied Developmental Psychology*, *7*, 225 - 236.

Brody, G. H., Stoneman, Z., & McCoy, J. K. (1992). Parental differential treatment of siblings and sibling differences in negative emotionality. *Journal of Marriage and the Family*, *54*, 643 - 651.

Brody, G. H., Stoneman, Z., & McCoy, J. K. (1994). Forecasting sibling relationships in early adolescence from child temperaments and family processes in middle childhood. *Child Development*, *65*, 771 - 784.

Brody, G. H., Stoneman, Z., McCoy, J. K., & Forehand, R. (1992). Contemporaneous and longitudinal associations of sibling conflict with family relationship assessments and family discussions about sibling problems. *Child Development*, *63*, 391 - 400.

Bronfenbrenner, U. (1979). *The ecology of human development: Experiments by nature and design*. Cambridge, MA: Harvard University Press.

Bronfenbrenner, U. (1988). Interacting systems in human development: Research paradigms: Present and future. In N. Bolger, A. Caspi, G. Downey & M. Moorehouse (Eds.), *Persons in context: Developmental processes* (pp. 25 - 49). New York, NY: Cambridge University Press.

Bronfenbrenner, U., & Ceci, S. J. (1994). Nature-nuture reconceptualized in developmental perspective: A bioecological model. *Psychological Review*, *101*, 568 - 586.

Brown, J. R., Donelan-McCall, N., & Dunn, J. (1996). Why talk about mental states? The significance of children's conversations with friends, siblings, and mothers. *Child Development*, *67*, 836 - 849.

Buhrmester, D., & Furman, W. (1990). Perceptions of sibling relationships during middle childhood and adolescence. *Child Development*, *61*, 1387 - 1398.

Buist, K. L. (2010). Sibling relationship quality and adolescent delinquency: A latent growth curve approach. *Journal of Family Psychology*, *24*, 400 - 410.

Buist, K. L., Deković, M., & Prinzie, P. (2013). Sibling relationship quality and psychopathology of children and adolescents: A meta-analysis. *Clinical Psychology Review*, *33*, 97 - 106.

Buist, K. L., & Vermande, M. (2014). Sibling relationship patterns and their associations with child competence and problem behavior. *Journal of Family Psychology*, *28*, 529 - 537.

Burt, K., & Scott, J. (2002). Parent and adolescent gender role attitudes in 1990s Great Britain. *Sex Roles*, *46*, 239 - 245.

Byrne, E. A., Cunningham, C., & Sloper, P. (1988). *Families and their children with Down's syndrome: One feature in common*. London: Routledge.

Callan, V. J. (1985). Comparisons of mothers of one child by choice with mothers wanting a second birth. *Journal of Marriage and the Family*, *47*, 155 - 164.

Cameron, L., Erkal, N., Gangadharan, L., & Meng, X. (2013). Little emperors: Behavioral impacts of China's One-Child Policy. *Science*, *339*, 953 - 957.

Chandra, A., Martinez, G. M., Mosher, W. D., Abma, J. C., & Jones, J. (2005). Fertility, family planning, and reproductive health of US women: Data from the 2002 National Survey of Family Growth. *Vital and Health Statistics*, *23*, 1 - 160.

Chen, B. - B. (2012). The rural-to-urban migrant parents and their accompanying or left-behind children in China. *Bulletin of International Society for the Study of Behavioural Development*, *62*, 38 - 40.

Chen, B. - B. (2014). Rural-to-urban migrant children's behaviors and adaptation within migration social contexts in China. In R. Dimitrova, M. Bender & F.

van de Vijver (Eds.), *Global perspectives on well-being in immigrant families* (*pp.* 75 - 94). New York: Springer.

Chen, B. - B., & Chang, L. (2012). Adaptive insecure attachment and resource control strategies during middle childhood. *International Journal of Behavioral Development*, *36*, 389 - 397.

Chen, B. - B., Han, W., Wang, Y., Sui, Y., Chen, Z., & Wan, L. (2018). The reaction of firstborn children to a sibling before the birth: The role of the time at which they are told about the mother's pregnancy and their effortful control. *Journal of Reproductive and Infant Psychology*, *36*, 158 - 167.

Chen, B. - B., & Xu, Y. (2018). Mother's attachment history and antenatal attachment to the second baby: The moderating role of parenting efficacy in raising the firstborn child. *Archives of Women's Mental Health*, Advance online publication.

Cherlin, A., & Furstenberg, F. F. (2009). *The new American grandparent: A place in the family, a life apart*. New York: Basic Books.

Cheslack-Postava, K., Liu, K., & Bearman, P. S. (2011). Closely spaced pregnancies are associated with increased odds of autism in california sibling births. *Pediatrics*, *127*, 246 - 253.

Chess, S., & Thomas, A. (1989). Issues in the clinical application of temperament. In G. A. Kohnstamm, J. E. Bates & M. K. Rothbart (Eds.), *Temperament in childhood* (pp. 377 - 403). New York: Wiley.

Chu, C. - H., & Pan, C. - Y. (2012). The effect of peer-and sibling-assisted aquatic program on interaction behaviors and aquatic skills of children with autism spectrum disorders and their peers/siblings. *Research in Autism Spectrum Disorders*, *6*, 1211 - 1223.

Chu, C. Y. C., Xie, Y., & Yu, R. - R. (2007). Effects of sibship structure revisited: Evidence from intrafamily resource transfer in Taiwan. *Sociology of Education*, *80*, 91 - 113.

Colonna, A. B., & Newman, L. M. (1983). The psychoanalytic literature on siblings. *The Psychoanalytic Study of the Child*, *38*, 285 - 309.

Conde-Agudelo, A., Rosas-Bermúdez, A., & Kafury-Goeta, A. C. (2007). Effects of birth spacing on maternal health: A systematic review. *American Journal of Obstetrics and Gynecology*, *196*, 297 - 308.

Condon, J. T., & Esuvaranathan, V. (1990). The influence of parity on the experience of pregnancy: A comparison of first-and second-time expectant couples. *British Journal of Medical Psychology*, *63*, 369 - 377.

Conger, K. J., & Kramer, L. (2010). Introduction to the special section: Perspectives on sibling relationships: Advancing child development research. *Child Development Perspectives*, *4*, 69 - 71.

Conger, K. J., Stocker, C., & McGuire, S. (2009). Sibling socialization: The effects of stressful life events and experiences. *New Directions for Child and Adolescent Development*, *126*, 45 - 59.

Conger, R. D., Conger, K. J., Elder, G. H., Lorenz, F. O., Simons, R. L., & Whitbeck, L. B. (1992). A family process model of economic hardship and adjustment of early adolescent boys. *Child Development*, *63*, 526 - 541.

Conley, D. (2000). Sibship sex composition: Effects on educational attainment. *Social Science Research*, *29*, 441 - 457.

Cowan, P. A., & Hetherington, E. M. (1991). *Family transitions*. Hillsdale, NJ: Erlbaum.

Cox, M. J. (2010). Family systems and sibling relationships. *Child Development Perspectives*, *4*, 95 - 96.

Cox, M. J., & Paley, B. (1997). Families as systems. *Annual Review of Psychology*, *48*, 243 - 267.

Craine, J. L., Tanaka, T. A., Nishina, A., & Conger, K. J. (2009). Understanding adolescent delinquency: The role of older siblings' delinquency and popularity with peers. *Merrill-Palmer Quarterly*, *55*, 436 - 453.

Crouter, A. C., McHale, S. M., & Tucker, C. J. (1999). Does stress exacerbate parental differential treatment of siblings? A pattern-analytic approach. *Journal of Family Psychology*, *13*, 286 - 299.

Crowne, S. S., Gonsalves, K., Burrell, L., McFarlane, E., & Duggan, A. (2012). Relationship between birth spacing, child maltreatment, and child behavior and development outcomes among at-risk families. *Maternal and Child Health Journal*, *16*, 1413 - 1420.

Cuskelly, M., & Gunn, P. (2003). Sibling relationships of children with down syndrome: Perspectives of mothers, fathers, and siblings. *American Journal on Mental Retardation*, *108*, 234 - 244.

Cutting, A. L., & Dunn, J. (2006). Conversations with siblings and with friends: Links between relationship quality and social understanding. *British Journal of Developmental Psychology*, *24*, 73 – 87.

D'Amico, E. J., & Fromme, K. (1997). Health risk behaviors of adolescent and young adult siblings. *Health Psychology*, *16*, 426 – 432.

Dallas, E., Stevenson, J., & McGurk, H. (1993). Cerebral-palsied children's interactions with siblings—I. Influence of severity of disability, age and birth order. *Journal of Child Psychology and Psychiatry*, *34*, 621 – 647.

Daniel, E., Plamondon, A., & Jenkins, J. M. (2018). An examination of the sibling training hypothesis for disruptive behavior in early childhood. *Child Development*, *89*, 235 – 247.

Daniels, H. (1996). *An introduction to Vygotsky*. New York: Routledge.

Dawson, A., Pike, A., & Bird, L. (2015). Parental division of household labour and sibling relationship quality: Family relationship mediators. *Infant and Child Development*, *24*, 379 – 393.

Deater-Deckard, K., & Dunn, J. (2002). Sibling relationships and social-emotional adjustment in different family contexts. *Social Development*, *11*, 571 – 590.

Defoe, I. N., Keijsers, L., Hawk, S. T., Branje, S., Dubas, J. S., Buist, K., ... Meeus, W. (2013). Siblings versus parents and friends: Longitudinal linkages to adolescent externalizing problems. *Journal of Child Psychology and Psychiatry*, *54*, 881 – 889.

Deleire, T., & Kalil, A. (2002). Good things come in threes: Single-parent multigenerational family structure and adolescent adjustment. *Demography*, *39*, 393 – 413.

Downey, D. B. (2001). Number of siblings and intellectual development: The resource dilution explanation. *American Psychologist*, *56*, 497 – 504.

Dreikurs, R., & Soltz, V. (1964). *Children: The challenge*. New York: Hawthorne.

Dunifon, R. (2013). The influence of grandparents on the lives of children and adolescents. *Child Development Perspectives*, *7*, 55 – 60.

Dunifon, R., & Bajracharya, A. (2012). The role of grandparents in the lives of youth. *Journal of Family Issues*, *33*, 1168 – 1194.

Dunn, J. (1983). Sibling relationships in early childhood. *Child Development*,

*54*, 787 - 811.

Dunn, J. (1988). *The beginnings of social understanding*. Cambridge, MA: Harvard University Press.

Dunn, J. (1995). *From one child to two*. New York: Fawcett Columbine.

Dunn, J., Brown, J., Slomkowski, C., Tesla, C., & Youngblade, L. (1991). Young children's understanding of other people's feelings and beliefs: Individual differences and their antecedents. *Child Development*, *62*, 1352 - 1366.

Dunn, J., & Kendrick, C. (1982). *Siblings: Love, envy, & understanding*. Cambridge, MA: Harvard University Press.

Dunn, J., Kendrick, C., & MacNamee, R. (1981). The reaction of first-born children to the birth of a sibling: Mothers' reports. *Journal of Child Psychology and Psychiatry*, *22*, 1 - 18.

Dunn, J., & Munn, P. (1985). Becoming a family member: Family conflict and the development of social understanding in the second year. *Child Development*, *56*, 480 - 492.

Dunn, J., & Plomin, R. (1990). *Separate lives: Why siblings are so different*. New York: Basic Books.

Dunn, J., & Shatz, M. (1989). Becoming a conversationalist despite (or because of) having an older sibling. *Child Development*, *60*, 399 - 410.

Dunn, J., & Slomkowski, C. (1992). Conflict and the development of social understanding. In C. U. Shantz & W. W. Hartup (Eds.), *Conflict in child and adolescent development* (pp. 70 - 92). New York: Cambridge University Press.

Dunn, J., Slomkowski, C., & Beardsall, L. (1994). Sibling relationships from the preschool period through middle childhood and early adolescence. *Developmental Psychology*, *30*, 315 - 324.

Dykens, E. M. (2005). Happiness, well-being, and character strengths: Outcomes for families and siblings of persons with mental retardation. *Mental Retardation*, *43*, 360 - 364.

Dyson, L., Edgar, E., & Crnic, K. (1989). Psychological predictors of adjustment by siblings of developmentally disabled children. *American Journal on Mental Retardation*, *94*, 292 - 302.

East, P. L. (2009). Adolescents' Relationships with Siblings. In R. M. Lerner &

L. Steinberg (Eds.), *Handbook of adolescent psychology* (3rd ed., pp. 43 - 73). New York: John Wiley & Sons.

East, P. L. (2010). Children's provision of family caregiving: Benefit or burden? *Child Development Perspectives*, *4*, 55 - 61.

East, P. L., Chien, N. C., & Barber, J. S. (2012). Adolescents' pregnancy intentions, wantedness, and regret: Cross-lagged relations with mental health and harsh parenting. *Journal of Marriage and Family*, *74*, 167 - 185.

East, P. L., & Hamill, S. B. (2013). Sibling caretaking among Mexican American youth: Conditions that promote and hinder personal and school success. *Hispanic Journal of Behavioral Sciences*, *35*, 542 - 564.

East, P. L., & Khoo, S. T. (2005). Longitudinal pathways linking family factors and sibling relationship qualities to adolescent substance use and sexual risk behaviors. *Journal of Family Psychology*, *19*, 571 - 580.

Edwards, O., & Ray, S. (2008). An attachment and school satisfaction framework for helping children raised by grandparents. *School Psychology Quarterly*, *23*, 125 - 138.

El-Kamary, S. S., Higman, S. M., Fuddy, L., McFarlane, E., Sia, C., & Duggan, A. K. (2004). Hawaii's healthy start home visiting program: Determinants and impact of rapid repeat birth. *Pediatrics*, *114*, e317 - e326.

Ellis, B. J., Boyce, W. T., Belsky, J., Bakermans-Kranenburg, M. J., & van Ijzendoorn, M. H. (2011). Differential susceptibility to the environment: An evolutionary-neurodevelopmental theory. *Development and Psychopathology*, *23*, *7 - 28*.

Enskär, K., Carlsson, M., Golsäter, M., Hamrin, E., & Kreuger, A. (1997). Parental reports of changes and challenges that result from parenting a child with cancer. *Journal of Pediatric Oncology Nursing*, *14*, 156 - 163.

Erel, O., & Burman, B. (1995). Interrelatedness of marital relations and parent-child relations: A meta-analytic review. *Psychological Bulletin*, *118*, 108 - 132.

Erel, O., Margolin, G., & John, R. S. (1998). Observed sibling interaction: Links with the marital and the mother - child relationship. *Developmental Psychology*, *34*, 288 - 298.

Faber, A., & Mazlish, E. (1998). *Siblings without rivalry: How to help your children live together so you can live too* (2nd ed.). New York: Avon Books.

Falbo, T., & Poston, D. L. (1993). The academic, personality, and physical outcomes of only children in China. *Child Development*, *64*, 18 - 35.

Feinberg, M. E., & Hetherington, E. M. (2000). Sibling differentiation in adolescence: Implications for behavioral genetic theory. *Child Development*, *71*, 1512 - 1524.

Feinberg, M. E., & Hetherington, E. M. (2001). Differential parenting as a within-family variable. *Journal of Family Psychology*, *15*, 22 - 37.

Feinberg, M. E., Neiderhiser, J. M., Simmens, S., Reiss, D., & Hetherington, E. M. (2000). Sibling comparison of differential parental treatment in adolescence: Gender, self-esteem, and emotionality as mediators of the parenting-adjustment association. *Child Development*, *71*, 1611 - 1628.

Feinberg, M. E., Solmeyer, A. R., Hostetler, M. L., Sakuma, K. - L., Jones, D., & McHale, S. M. (2013). Siblings are special: Initial test of a new approach for preventing youth behavior problems. *Journal of Adolescent Health*, *53*, 166 - 173.

Feinberg, M. E., Solmeyer, A. R., & McHale, S. M. (2012). The third rail of family systems: Sibling relationships, mental and behavioral health, and preventive intervention in childhood and adolescence. *Clinical Child and Family Psychology Review*, *15*, 43 - 57.

Ferketich, S. L., & Mercer, R. T. (1995). Predictors of role competence for experienced and inexperienced fathers. *Nursing Research*, *44*, 89 - 95.

Festinger, L. (1954). A theory of social comparison processes. *Human Relations*, *7*, 117 - 140.

Field, T., & Reite, M. (1984). Children's responses to separation from mother during the birth of another child. *Child Development*, *55*, 1308 - 1316.

Figueiredo, B., & Conde, A. (2015). First-and second-time parents' couple relationship: From pregnancy to second year postpartum. *Family Science*, *6*, 346 - 355.

Foote, R. C., & Holmes-Lonergan, H. A. (2003). Sibling conflict and theory of mind. *British Journal of Developmental Psychology*, *21*, 45 - 58.

Fraley, R. C., & Tancredy, C. M. (2012). Twin and sibling attachment in a nationally representative sample. *Personality and Social Psychology Bulletin*, *38*, 308 - 316.

Freud, A. (1965). *Normality and pathology in childhood*. New York: International Universities Press.

Fuligni, A. J., Yip, T., & Tseng, V. (2002). The impact of family obligation on the daily activities and psychological well-being of chinese american adolescents. *Child Development*, *73*, 302 - 314.

Furman, W., & Buhrmester, D. (1985). Children's perceptions of the personal relationships in their social networks. *Developmental Psychology*, *21*, 1016 - 1024.

Gable, S., Belsky, J., & Crnic, K. (1992). Marriage, parenting, and child development: Progress and prospects. *Journal of Family Psychology*, *5*, 276 - 294.

Galton, F. (1874). *English men of science: Their nature and nurture*. London: McMillan.

Gardner, D. L. (1991). Fatigue in postpartum women. *Applied Nursing Research*, *4*, 57 - 62.

Garner, P. W., Jones, D. C., & Palmer, D. J. (1994). Social cognitive correlates of preschool children's sibling caregiving behavior. *Developmental Psychology*, *30*, 905 - 911.

Gass, K., Jenkins, J., & Dunn, J. (2007). Are sibling relationships protective? A longitudinal study. *Journal of Child Psychology and Psychiatry*, *48*, 167 - 175.

Gath, A. (1978). *Down's syndrome and the family*. London: Academic Press.

Geary, D. C. (2000). Evolution and proximate expression of human paternal investment. *Psychological Bulletin*, *126*, 55 - 77.

Giallo, R., & Gavidia-Payne, S. (2006). Child, parent and family factors as predictors of adjustment for siblings of children with a disability. *Journal of Intellectual Disability Research*, *50*, 937 - 948.

Glass, J. C., & Huneycutt, T. L. (2002). Grandparents parenting grandchildren: Extent of situation, issues involved, and educational implications. *Educational Gerontology*, *28*, 139 - 161.

Gleeson, J. P., Wesley, J. M., Ellis, R., Seryak, C., Talley, G. W., & Robinson, J. (2009). Becoming involved in raising a relative's child: Reasons, caregiver motivations and pathways to informal kinship care. *Child & Family Social Work*, *14*, 300 - 310.

Gordon, R. A., Chase-Lansdale, P. L., & Brooks-Gunn, J. (2004). Extended households and the life course of young mothers: Understanding the associations using a sample of mothers with premature, low birth weight babies. *Child Development*, *75*, 1013 - 1038.

Gotlib, I. H., Whiffen, V. E., Mount, J. H., Milne, K., & Cordy, N. I. (1989). Prevalence rates and demographic characteristics associated with depression in pregnancy and the postpartum. *Journal of Consulting and Clinical Psychology*, *57*, 269 - 274.

Gottlieb, L. N., & Mendelson, M. J. (1990). Parental support and firstborn girls' adaptation to the birth of a sibling. *Journal of Applied Developmental Psychology*, *11*, 29 - 48.

Gottlieb, L. N., & Mendelson, M. J. (1995). Mothers' moods and social support when a second child is born. *Maternal-Child Nursing Journal*, *23*, 3 - 14.

Gottman, J. M., & Katz, L. F. (1989). Effects of marital discord on young children's peer interaction and health. *Developmental Psychology*, *25*, 373 - 381.

Graber, J. A., & Brooks-Gunn, J. (1996). Transitions and turning points: Navigating the passage from childhood through adolescence. *Developmental Psychology*, *32*, 768 - 776.

Graham-Bermann, S. A. (1994). The Assessment of childhood sibling relationships: Varying perspectives on cooperation and conflict. *The Journal of Genetic Psychology*, *155*, 457 - 469.

Graham, A. A., & Coplan, R. J. (2012). Shyness, sibling relationships, and young children's socioemotional adjustment at preschool. *Journal of Research in Childhood Education*, *26*, 435 - 449.

Gray, D. E. (1998). *Autism and the family: Problems, prospects, and coping with the disorder*. Springfield, IL: Charles C. Thomas.

Grotevant, H. D. (1978). Sibling constellations and sex typing of interests in adolescence. *Child Development*, *49*, 540 - 542.

Grych, J. H., & Fincham, F. D. (1990). Marital conflict and children's adjustment: A cognitive-contextual framework. *Psychological Bulletin*, *108*, 267 - 290.

Gunnar, M. R., & Cheatham, C. L. (2003). Brain and behavior interface: Stress and the developing brain. *Infant Mental Health Journal*, *24*, 195 - 211.

Harper, J. M., Padilla-Walker, L. M., & Jensen, A. C. (2016). Do siblings matter independent of both parents and friends? Sympathy as a mediator between sibling relationship quality and adolescent outcomes. *Journal of Research on Adolescence*, *26*, 101 - 114.

Harrist, A. W., Achacoso, J. A., John, A., Pettit, G. S., Bates, J. E., & Dodge, K. A. (2014). Reciprocal and complementary sibling interactions: Relations with socialization outcomes in the kindergarten classroom. *Early Education and Development*, *25*, 202 - 222.

Hart, S. L., & Behrens, K. Y. (2013a). Affective and behavioral features of jealousy protest: Associations with child temperament, maternal interaction style, and attachment. *Infancy*, *18*, 369 - 399.

Hart, S. L., & Behrens, K. Y. (2013b). Regulation of jealousy protest in the context of reunion following differential treatment. *Infancy*, *18*, 1076 - 1110.

Hart, S. L., & Carrington, H. (2002). Jealousy in 6-month-old infants. *Infancy*, *3*, 395 - 402.

Hartup, W. W., Laursen, B., Stewart, M. I., & Eastenson, A. (1988). Conflict and the friendship relations of young children. *Child Development*, *59*, 1590 - 1600.

Hayes, H., Luchok, K., Martin, A. B., McKeown, R. E., & Evans, A. (2006). Short birth intervals and the risk of school unreadiness among a Medicaid population in South Carolina. *Child: Care, Health and Development*, *32*, 423 - 430.

Helms-Erikson, H., Tanner, J. L., Crouter, A. C., & McHale, S. M. (2000). Do women's provider-role attitudes moderate the links between work and family. *Journal of Family Psychology*, *14*, 658 - 670.

Henshaw, S. K. (1998). Unintended pregnancy in the United States. *Family Planning Perspectives*, *30*, 24 - 29, 46.

Hentges, R. F., Davies, P. T., & Cicchetti, D. (2015). Temperament and interparental conflict: The role of negative emotionality in predicting child behavioral problems. *Child Development*, *86*, 1333 - 1350.

Hill, R., & Aldous, J. (1969). Socialization for marriage and parenthood. In D. A. Goslin (Ed.), *Handbook of socialization theory and research*. Chicago: Rand McNally.

Hoff-Ginsberg, E., & Krueger, W. M. (1991). Older siblings as conversational partners. *Merrill-Palmer Quarterly*, *37*, 465 - 481.

Hoffman, M. L. (2000). *Empathy and moral development: Implications for caring and justice*. Cambridge, UK: Cambridge University Press.

Holmbeck, G. N., Johnson, S. Z., Wills, K. E., McKernon, W., Rose, B., Erklin, S., & Kemper, T. (2002). Observed and perceived parental overprotection in relation to psychosocial adjustment in preadolescents with a physical disability: The mediational role of behavioral autonomy. *Journal of Consulting and Clinical Psychology*, *70*, 96 - 110.

Hopkins, J., Marcus, M., & Campbell, S. B. (1984). Postpartum depression: A critical review. *Psychological Bulletin*, *95*, 498 - 515.

Horwitz, A. V., Videon, T. M., Schmitz, M. F., & Davis, D. (2003). Rethinking twins and environments: Possible social sources for assumed genetic influences in twin research. *Journal of Health and Social Behavior*, *44*, 111 - 129.

Hostetler, M. L., & Feinberg, M. E. (2014). Sibling relationships during childhood. In T. P. Gullotta & M. Bloom (Eds.), *Encyclopedia of primary prevention and health promotion* (pp. 918 - 925). Boston, MA: Springer.

Houtzager, B. A., Grootenhuis, M. A., Hoekstra-Weebers, J. E. H. M., & Last, B. F. (2005). One month after diagnosis: Quality of life, coping and previous functioning in siblings of children with cancer. *Child: Care, Health and Development*, *31*, 75 - 87.

Howe, N., Aquan-Assee, J., & Bukowski, W. M. (2001). Predicting sibling relations over time: Synchrony between maternal management styles and sibling relationship quality. *Merrill-Palmer Quarterly*, *47*, 121 - 141.

Howe, N., Fiorentino, L. M., & Gariepy, N. (2003). Sibling conflict in middle childhood: Influence of maternal context and mother-sibling interaction over four years. *Merrill-Palmer Quarterly*, *49*, 183 - 208.

Howe, N., & Recchia, H. (2005). Playmates and teachers: Reciprocal and complementary interactions between siblings. *Journal of Family Psychology*, *19*, 497 - 502.

Hughes, C., & Ensor, R. (2006). Behavioural problems in 2-year-olds: Links with individual differences in theory of mind, executive function and harsh parenting. *Journal of Child Psychology and Psychiatry*, *47*, 488 - 497.

Hughes, C., & Leekam, S. (2004). What are the links between theory of mind

and social relations? Review, reflections and new directions for studies of typical and atypical development. *Social Development*, *13*, 590 - 619.

Hupka, R. B. (1984). Jealousy: Compound emotion or label for a particular situation? *Motivation and Emotion*, *8*, 141 - 155.

Huston, T. L., & Holmes, E. K. (2004). Becoming Parents. In A. L. Vangelisti (Ed.), *Handbook of Family Communication* (pp. 105 - 133). Mahwah, NJ: Lawrence Erlbaum Associates.

Huttly, S. R. A., Victora, C. G., Barros, F. C., & Vaughan, J. P. (1992). Birth spacing and child health in urban Brazilian children. *Pediatrics*, *89*, 1049 - 1054.

Hwang, K. - K. (1999). Filial piety and loyalty: Two types of social identification in confucianism. *Asian Journal of Social Psychology*, *2*, 163 - 183.

Jeannin, R., & van Leeuwen, K. (2015). Associations between direct and indirect perceptions of parental differential treatment and child socio-emotional adaptation. *Journal of Child and Family Studies*, *24*, 1838 - 1855.

Jenkins, J. M., & Dunn, J. (2009). Siblings within families: Levels of analysis and patterns of influence. *New Directions for Child and Adolescent Development*, *126*, 79 - 93.

Jenkins, J. M., Rasbash, J., Leckie, G., Gass, K., & Dunn, J. (2012). The role of maternal factors in sibling relationship quality: A multilevel study of multiple dyads per family. *Journal of Child Psychology and Psychiatry*, *53*, 622 - 629.

Jenkins, J. M., Rasbash, J., & O'Connor, T. G. (2003). The role of the shared family context in differential parenting. *Developmental Psychology*, *39*, 99 - 113.

Jensen, A. C., & Whiteman, S. D. (2014). Parents' differential treatment and adolescents' delinquent behaviors: Direct and indirect effects of difference-score and perception-based measures. *Journal of Family Psychology*, *28*, 549 - 559.

Jiao, S., Ji, G., & Jing, Q. (1986). Comparative study of behavioral qualities of only children and sibling children. *Child Development*, *57*, 357 - 361.

Joyce, T. J., Kaestner, R., & Korenman, S. (2000). The effect of pregnancy intention on child development. *Demography*, *37*, 83 - 94.

Kaptijn, R., Thomese, F., Tilburg, T. G., & Liefbroer, A. C. (2010). How grandparents matter. *Human Nature*, *21*, 393 - 405.

Keeton, C. P., Teetsel, R. N., Dull, N. M. S., & Ginsburg, G. S. (2015). Parent psychopathology and children's psychological health: Moderation by sibling relationship dimensions. *Journal of Abnormal Child Psychology*, *43*, 1333 - 1342.

Kendrick, C., & Dunn, J. (1980). Caring for a second baby: Effects on interaction between mother and firstborn. *Developmental Psychology*, *16*, 303 - 311.

Kendrick, C., & Dunn, J. (1982). Protest or pleasure? The response of first-born children to interactions between their mothers and infant siblings. *Journal of Child Psychology and Psychiatry*, *23*, 117 - 129.

Kennedy, D. E., & Kramer, L. (2008). Improving emotion regulation and sibling relationship quality: The more fun with sisters and brothers program. *Family Relations*, *57*, 567 - 578.

Kennedy, K., Lagattuta, K. H., & Sayfan, L. (2015). Sibling composition, executive function, and children's thinking about mental diversity. *Journal of Experimental Child Psychology*, *132*, 121 - 139.

Kenny, D. A., Kashy, D. A., & Cook, W. L. (2006). *Dyadic data analysis*. New York: Guilford Press.

Kidwell, J. S. (1981). Number of siblings, sibling spacing, sex, and birth order: Their effects on perceived parent-adolescent relationships. *Journal of Marriage and the Family*, *43*, 315 - 332.

Killoren, S. E., Thayer, S. M., & Updegraff, K. A. (2008). Conflict resolution between mexican origin adolescent siblings. *Journal of Marriage and Family*, *70*, 1200 - 1212.

Kim, J. - Y., McHale, S. M., Crouter, A. C., & Osgood, D. W. (2007). Longitudinal linkages between sibling relationships and adjustment from middle childhood through adolescence. *Developmental Psychology*, *43*, 960 - 973.

Kim, J. - Y., McHale, S. M, Osgood, D. W., & Crouter, A. C. (2006). Longitudinal course and family correlates of sibling relationships from childhood through adolescence. *Child Development*, *77*, 1746 - 1761.

Kitzmann, K. M. (2000). Effects of marital conflict on subsequent triadic family interactions and parenting. *Developmental Psychology*, *36*, 3 - 13.

Knafo, A., & Plomin, R. (2006). Parental discipline and affection and children's prosocial behavior: Genetic and environmental links. *Journal of Personality and Social Psychology*, *90*, 147 - 164.

Kochanska, G., & Aksan, N. (1995). Mother-child mutually positive affect, the quality of child compliance to requests and prohibitions, and maternal control as correlates of early internalization. *Child Development*, *66*, 236 - 254.

Kojima, Y. (1999). Mothers' adjustment to the birth of a second child: A longitudinal study on use of verbal and nonverbal behaviors toward two children. *Psychological Reports*, *84*, 141 - 144.

Kojima, Y. (2000). Maternal regulation of sibling interactions in the preschool years: Observational study in Japanese families. *Child Development*, *71*, 1640 - 1647.

Kojima, Y., Irisawa, M., & Wakita, M. (2005). The impact of a second infant on interactions of mothers and firstborn children. *Journal of Reproductive and Infant Psychology*, *23*, 103 - 114.

Kolak, A. M., & Volling, B. L. (2011). Sibling jealousy in early childhood: Longitudinal links to sibling relationship quality. *Infant and Child Development*, *20*, 213 - 226.

Kolak, A. M., & Volling, B. L. (2013). Coparenting moderates the association between firstborn children's temperament and problem behavior across the transition to siblinghood. *Journal of Family Psychology*, *27*, 355 - 364.

Kowal, A., & Kramer, L. (1997). Children's understanding of parental differential treatment. *Child Development*, *68*, 113 - 126.

Kowal, A., Kramer, L., Krull, J. L., & Crick, N. R. (2002). Children's perceptions of the fairness of parental preferential treatment and their socioemotional well-being. *Journal of Family Psychology*, *16*, 297 - 306.

Kowaleski-Jones, L., & Dunifon, R. (2004). Children's home environments: Understanding the role of family structure changes. *Journal of Family Issues*, *25*, 3 - 28.

Kramer, L. (2010). The essential ingredients of successful sibling relationships: An emerging framework for advancing theory and practice. *Child Development Perspectives*, *4*, 80 - 86.

Kramer, L. (2014). Learning emotional understanding and emotion regulation through sibling interaction. *Early Education and Development*, *25*,

160 - 184.

Kramer, L., & Bank, L. (2005). Sibling relationship contributions to individual and family well-being: Introduction to the special issue. *Journal of Family Psychology*, *19*, 483 - 485.

Kramer, L., & Conger, K. J. (2009). What we learn from our sisters and brothers: For better or for worse. *New Directions for Child and Adolescent Development*, *126*, 1 - 12.

Kramer, L., & Gottman, J. M. (1992). Becoming a sibling: "With a little help from my friends." *Developmental Psychology*, *28*, 685 - 699.

Kramer, L., & Kowal, A. K. (2005). Sibling relationship quality from birth to adolescence: The enduring contributions of friends. *Journal of Family Psychology*, *19*, 503 - 511.

Kramer, L., Perozynski, L. A., & Chung, T. - Y. (1999). Parental responses to sibling conflict: The effects of development and parent gender. *Child Development*, *70*, 1401 - 1414.

Kramer, L., & Radey, C. (1997). Improving sibling relationships among young children: A social skills training model. *Family Relations*, *46*, 237 - 246.

Kramer, L., & Ramsburg, D. (2002). Advice given to parents on welcoming a second child: A critical review. *Family Relations*, *51*, 2 - 14.

Kramer, L., & Schaefer-Hernan, P. (1994). Patterns of fantasy play engagement across the transition to becoming a sibling. *Journal of Child Psychology and Psychiatry*, *35*, 749 - 767.

Krepner, K., & Lerner, R. (1989). *Family systems and life-span development*. Hillsdale, NJ: Lawrence Erlbaum.

Kreppner, K. (1988). Changes in parent-child relationships with the birth of the second child. *Marriage & Family Review*, *12*, 157 - 181.

Kreppner, K., Paulsen, S., & Schuetze, Y. (1982). Infant and family development: From triads to tetrads. *Human Development*, *25*, 373 - 391.

Krieg, D. B. (2007). Does motherhood get easier the second-time around? Examining parenting stress and marital quality among mothers having their first or second child. *Parenting*, *7*, 149 - 175.

Kuo, Y. - C., & Geraci, L. M. (2011). Sister's caregiving experience to a sibling with cerebral palsy: The impact to daughter-mother relationships. *Sex Roles*, *66*, 544 - 557.

Lamorey, S. (1999). Parentification of siblings of children with disability or chronic disease. In N. D. Chase (Ed.), *Burdened children: Theory, research, and treatment of parentification* (pp. 75 - 91). Thousand Oaks, CA: Sage.

Landry-Meyer, L., & Newman, B. M. (2004). An exploration of the grandparent caregiver role. *Journal of Family Issues*, *25*, 1005 - 1025.

Lardieri, L. A., Blacher, J., & Swanson, H. L. (2000). Sibling relationships and parent stress in families of children with and without learning disabilities. *Learning Disability Quarterly*, *23*, 105 - 116.

Lasko, J. K. (1954). Parent behavior toward first and second children. *Genetic Psychology Monographs*, *49*, 97 - 137.

Lawson, A., & Ingleby, J. D. (1974). Daily routines of pre-school children: Effects of age, birth order, sex and social class, and developmental correlates. *Psychological Medicine*, *4*, 399 - 415.

Lawson, D. W., & Mace, R. (2009). Trade-offs in modern parenting: A longitudinal study of sibling competition for parental care. *Evolution and Human Behavior*, *30*, 170 - 183.

Lawson, D. W., & Mace, R. (2010). Siblings and childhood mental health: Evidence for a later-born advantage. *Social Science & Medicine*, *70*, 2061 - 2069.

Lee, M. - H. (2012). The One-Child Policy and gender equality in education in China: Evidence from household data. *Journal of Family and Economic Issues*, *33*, 41 - 52.

Legg, C., Sherick, I., & Wadland, W. (1974). Reaction of preschool children to the birth of a sibling. *Child Psychiatry and Human Development*, *5*, 3 - 59.

Leitenberg, H., Burchard, J. D., Burchard, S. N., Fuller, E. J., & Lysaght, T. V. (1977). Using positive reinforcement to suppress behavior: Some experimental comparisons with sibling conflict. *Behavior Therapy*, *8*, 168 - 182.

LeMasters, E. E. (1957). Parenthood as crisis. *Marriage and Family Living*, *19*, 352 - 355.

Leventhal, G. S. (1970). Influence of brothers and sisters on sex-role behavior. *Journal of Personality and Social Psychology*, *16*, 452 - 465.

Levy-Wasser, N., & Katz, S. (2004). The relationship between attachment style, birth order, and adjustment in children who grow up with a sibling with mental retardation. *The British Journal of Development Disabilities*, *50*, 89 - 98.

Levy, D. M. (1937). *Studies in sibling rivalry*. New York: American Orthopsychiatric Association.

Lewis, M., & Kreitzberg, V. S. (1979). Effects of birth order and spacing on mother - infant interactions. *Developmental Psychology*, *15*, 617 - 625.

Li, J., & Cooney, R. S. (1993). Son preference and the one child policy in China: 1979 - 1988. *Population Research and Policy Review*, *12*, 277 - 296.

Liddell, C., Barrett, L., & Henzi, P. (2003). Parental investment in schooling: Evidence from a subsistence farming community in South Africa. *International Journal of Psychology*, *38*, 54 - 63.

Linver, M. R., Brooks-Gunn, J., & Kohen, D. E. (2002). Family processes as pathways from income to young children's development. *Developmental Psychology*, *38*, 719 - 734.

Liu, R. X., Lin, W., & Chen, Z. - Y. (2010). The effect of parental responsiveness on differences in psychological distress and delinquency between singleton and non-singleton Chinese adolescents. *Journal of Child and Family Studies*, *19*, 547 - 558.

Lu, L. (2006). The transition to parenthood: Stress, resources, and gender differences in a Chinese society. *Journal of Community Psychology*, *34*, 471 - 488.

Macks, R. J., & Reeve, R. E. (2006). The adjustment of non-disabled siblings of children with autism. *Journal of Autism and Developmental Disorders*, *37*, 1060 - 1067.

Madge, C., & O'Connor, H. (2006). Parenting gone wired: Empowerment of new mothers on the internet? *Social & Cultural Geography*, *7*, 199 - 220.

Majdandžić, M., van den Boom, D. C., & Heesbeen, D. G. M. (2008). Peas in a pod: Biases in the measurement of sibling temperament? *Developmental Psychology*, *44*, 1354 - 1368.

Marks, J. L., Lam, C., & McHale, S. M. (2009). Family patterns of gender role attitudes. *Sex Roles*, *61*, 221 - 234.

Maynard, A. E. (2004). Sibling interactions. In U. P. Gielen & J. L. Roopnarine (Eds.), *Childhood and adolescence: Cross-cultural perspectives and applications* (pp. 229 - 252). Westport, CT: Praeger.

McCannell, K. (1987). Social networks and the transition to motherhood. In R. Milardo (Ed.), *Families and social networks* (pp. 83 - 106). Beverly Hills, CA: Sage.

McDougall, J., Dewit, D. J., & Ebanks, G. E. (1999). Parental preferences for sex of children in Canada. *Sex Roles*, *41*, 615 - 626.

McGahey, C., & Sporakowski, M. (1972). Intergenerational attitudes toward childbearing and childrearing. *Journal of Home Economics*, *64*, 27 - 31.

McGuire, S., Dunn, J., & Plomin, R. (1995). Maternal differential treatment of siblings and children's behavioral problems: A longitudinal study. *Development and Psychopathology*, *7*, 515 - 528.

McGuire, S., Manke, B., Eftekhari, A., & Dunn, J. (2000). Children's perceptions of sibling conflict during middle childhood: Issues and sibling (dis)similarity. *Social Development*, *9*, 173 - 190.

McGuire, S., & Shanahan, L. (2010). Sibling experiences in diverse family contexts. *Child Development Perspectives*, *4*, 72 - 79.

McHale, J., Khazan, I., Erera, P., Rotman, T., DeCourcey, W., & McConnell, M. (2002). Coparenting in diverse family systems. In M. H. Bornstein (Ed.), *Handbook of parenting* (2nd ed., Vol. 3, pp. 75 - 107). Mahwah, NJ: Erlbaum.

McHale, S. M., Bissell, J., & Kim, J. - Y. (2009). Sibling relationship, family, and genetic factors in sibling similarity in sexual risk. *Journal of Family Psychology*, *23*, 562 - 572.

McHale, S. M., & Gamble, W. C. (1989). Sibling relationships of children with disabled and nondisabled brothers and sisters. *Developmental Psychology*, *25*, 421 - 429.

McHale, S. M., Updegraff, K. A., Helms-Erikson, H., & Crouter, A. C. (2001). Sibling influences on gender development in middle childhood and early adolescence: A longitudinal study. *Developmental Psychology*, *37*, 115 - 125.

McHale, S. M., Updegraff, K. A., Jackson-Newsom, J., Tucker, C. J., & Crouter, A. C. (2000). When does parents' differential treatment have negative implications for siblings? *Social Development*, *9*, 149 - 172.

McHale, S. M., Updegraff, K. A., Shanahan, L., Crouter, A. C., & Killoren, S. E. (2005). Siblings' differential treatment in Mexican American families. *Journal of Marriage and Family*, *67*, 1259 - 1274.

McHale, S. M., Updegraff, K. A., Tucker, C. J., & Crouter, A. C. (2000). Step in or stay out? Parents' roles in adolescent siblings' relationships. *Journal of Marriage and Family*, *62*, 746 - 760.

McHale, S. M., Updegraff, K. A., & Whiteman, S. D. (2012). Sibling relationships and influences in childhood and adolescence. *Journal of Marriage and Family*, *74*, 913 - 930.

McHale, S. M., Whiteman, S. D., Kim, J. - Y., & Crouter, A. C. (2007). Characteristics and correlates of sibling relationships in two-parent African American families. *Journal of Family Psychology*, *21*, 227 - 235.

McLanahan, S., & Sandefur, G. (2009). *Growing up with a single parent: What hurts, what helps*. Cambridge, MA: Harvard University Press.

Menesini, E., Camodeca, M., & Nocentini, A. (2010). Bullying among siblings: The role of personality and relational variables. *British Journal of Developmental Psychology*, *28*, 921 - 939.

Mercer, R. T. (1986). *First-time motherhood: Experiences from teens to forties*. New York: Springer.

Mercer, R. T., & Ferketich, S. L. (1995). Experienced and inexperienced mothers' maternal competence during infancy. *Research in Nursing & Health*, *18*, 333 - 343.

Milevsky, A. (2005). Compensatory patterns of sibling support in emerging adulthood: Variations in loneliness, self-esteem, depression and life satisfaction. *Journal of Social and Personal Relationships*, *22*, 743 - 755.

Milkie, A. M., Bianchi, S. M., Mattingly, M. J., & Robinson, J. P. (2002). Gendered division of childrearing: Ideals, realities and the relationship to parental well-being. *Sex Roles*, *47*, 21 - 38.

Miller, A. L., Volling, B. L., & McElwain, N. L. (2000). Sibling jealousy in a triadic context with mothers and fathers. *Social Development*, *9*, 433 - 457.

Miller, W. B., Sable, M. R., & Beckmeyer, J. J. (2009). Preconception motivation and pregnancy wantedness: Pathways to toddler attachment security. *Journal of Marriage and Family*, *71*, 1174 - 1192.

Minuchin, P. (1988). Relationships within the family: A systems perspective on development. In R. A. Hinde & J. Stevenson-Hinde (Eds.), *Relationships within families: Mutual influences* (pp. 7 - 26). Oxford: Clarendon Press.

Mitnick, D. M., Heyman, R. E., & Smith Slep, A. M. (2009). Changes in relationship satisfaction across the transition to parenthood: A meta-analysis. *Journal of Family Psychology*, *23*, 848 - 852.

Moore, T. (1969). Stress in normal childhood. *Human Relations*, *22*, 235 - 250.

Moreno, L. (2012). *Father involvement and firstborn adjustment to the birth of a sibling*. Unpublished bachelor thesis, University of Michigan, Ann Arbor, MI.

Mostello, D., Catlin, T. K., Roman, L., Holcomb Jr, W. L., & Leet, T. (2002). Preeclampsia in the parous woman: Who is at risk? *American Journal of Obstetrics and Gynecology*, *187*, 425 - 429.

Murphy, S. O. (1993). Siblings and the new baby: Changing perspectives. *Journal of Pediatric Nursing*, *8*, 277 - 288.

Muthén, L. K., & Muthén, B. O. (2012). *Mplus user's guide* (7th ed.). Los Angeles, CA: Muthén & Muthén.

Myrskylä, M., & Margolis, R. (2014). Happiness: Before and after the kids. *Demography*, *51*, 1843 - 1866.

Nadelman, L., & Begun, A. (1982). The effect of the newborn on the older sibling: Mothers' questionnaires. In M. E. Lamb & B. Sutton-Smith (Eds.), *Sibling relationships: Their nature and significance across the lifespan* (pp. 13 - 37). Hillsdale, NJ: Erlbaum.

Natsuaki, M. N., Ge, X., Reiss, D., & Neiderhiser, J. M. (2009). Aggressive behavior between siblings and the development of externalizing problems: Evidence from a genetically sensitive study. *Developmental Psychology*, *45*, 1009 - 1018.

Nieuwboer, C. C., Fukkink, R. G., & Hermanns, J. M. A. (2013). Online programs as tools to improve parenting: A meta-analytic review. *Children and Youth Services Review*, *35*, 1823 - 1829.

Nolen-Hoeksema, S., Girgus, J. S., & Seligman, M. E. (1992). Predictors and consequences of childhood depressive symptoms: A 5-year longitudinal study. *Journal of Abnormal Psychology*, *101*, 405 - 422.

Noller, P. (2005). Sibling relationships in adolescence: Learning and growing together. *Personal Relationships*, *12*, 1 - 22.

Noller, P., Conway, S., & Blakeley-Smith, A. (2008). Sibling relationships in adolescent and young adult twin and nontwin siblings: Managing competition and comparison. In J. P. Forgas & J. Fitness (Eds.), *Social relationships: Cognitive, affective, and motivational processes* (pp. 235 - 252). New York: Psychology Press.

Nuckolls, C. W. (1993). An introduction to the cross-cultural study of sibling relations. In C. W. Nuckolls (Ed.), *Siblings in South Asia: Brothers and sisters in cultural context* (pp. 19 - 44). New York: Guilford Press.

Oh, W., Volling, B. L., & Gonzalez, R. (2015). Trajectories of children's social interactions with their infant sibling in the first year: A multidimensional approach. *Journal of Family Psychology*, *29*, 119 - 129.

Pancer, S. M., Pratt, M., Hunsberger, B., & Gallant, M. (2000). Thinking ahead: Complexity of expectations and the transition to parenthood. *Journal of Personality*, *68*, 253 - 279.

Park, S. - M., Cho, S. - I. L., & Choi, M. - K. (2010). The effect of paternal investment on female fertility intention in South Korea. *Evolution and Human Behavior*, *31*, 447 - 452.

Parke, R. D. (2000). Father Involvement: A developmental psychological perspective. *Marriage & Family Review*, *29*, 43 - 58.

Parrott, W. G. (1991). The emotional experiences of envy and jealousy. In P. Salovey (Ed.), *The psychology of jealousy and envy* (pp. 3 - 30). New York, NY: Guilford Press.

Patterson, G. R. (1984). Siblings: Fellow travelers in coercive family processes. In R. J. Blanchard (Ed.), *Advances in the study of aggression* (pp. 174 - 214). New York: Academic Press.

Patterson, J. M., Holm, K. E., & Gurney, J. G. (2004). The impact of childhood cancer on the family: A qualitative analysis of strains, resources, and coping behaviors. *Psycho-Oncology*, *13*, 390 - 407.

Paulson, J. F., & Bazemore, S. D. (2010). Prenatal and postpartum depression in fathers and its association with maternal depression: A meta-analysis. *Journal of the American Medical Association*, *303*, 1961 - 1969.

Petalas, M. A., Hastings, R. P., Nash, S., Dowey, A., & Reilly, D. (2009). "I like that he always shows who he is": The perceptions and experiences of siblings with a brother with autism spectrum disorder. *International Journal of Disability, Development and Education*, *56*, 381 - 399.

Pilkauskas, N. V. (2014). Living with a grandparent and parent in early childhood: Associations with school readiness and differences by demographic characteristics. *Developmental Psychology*, *50*, 2587 - 2599.

Pitt, M. M., Rosenzweig, M. R., & Hassan, M. N. (1990). Productivity, health, and inequality in the intrahousehold distribution of food in low-income countries. *The American Economic Review*, *80*, 1139 - 1156.

Pittman, L. D., & Boswell, M. K. (2008). Low-income multigenerational households: Variation in family functioning by mothers' age and race/ethnicity. *Journal of Family Issues*, *29*, 851 - 881.

Plomin, R., & Daniels, D. (1987). Why are children in the same family so different from one another? *Behavioral and Brain Sciences*, *10*, 1 - 16.

Polit, D. F., & Kahn, J. R. (1986). Early subsequent pregnancy among economically disadvantaged teenage mothers. *American Journal of Public Health*, *76*, 167 - 171.

Pollard, T. M. (1995). Use of cortisol as a stress marker: Practical and theoretical problems. *American Journal of Human Biology*, *7*, 265 - 274.

Post, D., & Pong, S. - L. (1998). The waning effect of sibship composition on school attainment in Hong Kong. *Comparative Education Review*, *42*, 99 - 117.

Poston, D. L., Gu, B., Liu, P. P., & McDaniel, T. (1997). Son preference and the sex ratio at birth in China: A provincial level analysis. *Social Biology*, *44*, 55 - 76.

Prchal, A., & Landolt, M. A. (2012). How siblings of pediatric cancer patients experience the first time after diagnosis: A qualitative study. *Cancer Nursing*, *35*, 133 - 140.

Price, J. (2008). Parent-child quality time: Does birth order matter? *Journal of Human Resources*, *43*, 240 - 265.

Rabain-Jamin, J., Maynard, A. E., & Greenfield, P. (2003). Implications of sibling caregiving for sibling relations and teaching interactions in two cultures. *Ethos*, *31*, 204 - 231.

Raffaelli, M. (1992). Sibling conflict in early adolescence. *Journal of Marriage and the Family*, *54*, 652 - 663.

Raudenbush, S. W., & Bryk, A. S. (2002). *Hierarchical linear models: Applications and data analysis methods* (2nd ed.). Thousand Oaks: Sage Publications.

Rauer, A. J., & Volling, B. L. (2007). Differential parenting and sibling jealousy: Developmental correlates of young adults' romantic relationships. *Personal Relationships*, *14*, 495 - 511.

Recchia, H. E., & Howe, N. (2009). Associations between social understanding, sibling relationship quality, and siblings' conflict strategies and outcomes. *Child Development*, *80*, 1564 -1578.

Recchia, H. E., Rajput, A., & Peccia, S. (2015). Children's interpretations of ambiguous provocation from their siblings: Comparisons with peers and links to relationship quality. *Social Development*, *24*, 782 - 797.

Reiss, D., Hetherington, E., Plomin, R., Howe, G. W., Simmens, S. J., Henderson, S. H., ... Law, T. (1995). Genetic questions for environmental studies: Differential parenting and psychopathology in adolescence. *Archives of General Psychiatry*, *52*, 925 - 936.

Richardson, P. (1983). Women's perceptions of change in relationships shared with children during pregnancy. *Maternal-Child Nursing Journal*, *12*, 75 - 88.

Riordan, D. V., Morris, C., Hattie, J., & Stark, C. (2012). Interbirth spacing and offspring mental health outcomes. *Psychological Medicine*, *42*, 2511 - 2521.

Rothbart, M. K., & Bates, J. E. (1998). Temperament. In W. Damon & N. Eisenberg (Eds.), *Handbook of child psychology: Vol. 3. Social, emotional and personality development* (5th ed., pp. 105 - 176). New York: Wiley.

Ruffman, T., Perner, J., Naito, M., Parkin, L., & Clements, W. A. (1998). Older (but not younger) siblings facilitate false belief understanding. *Developmental Psychology*, *34*, 161 - 174.

Ruiz, S. A., & Silverstein, M. (2007). Relationships with grandparents and the emotional well-being of late adolescent and young adult grandchildren. *Journal of Social Issues*, *63*, 793 - 808.

Rutter, M. (1996). Transitions and turning points in developmental psychopathology: As applied to the age span between childhood and mid-adulthood. *International Journal of Behavioral Development*, *19*, 603 - 626.

Samek, D. R., McGue, M., Keyes, M., & Iacono, W. G. (2015). Sibling facilitation mediates the association between older and younger sibling alcohol use in late adolescence. *Journal of Research on Adolescence*, *25*, 638 - 651.

Samek, D. R., & Rueter, M. A. (2011). Considerations of elder sibling closeness in predicting younger sibling substance use: Social learning versus social bonding explanations. *Journal of Family Psychology*, *25*, 931 - 941.

Samuels, H. R. (1980). The effect of an older sibling on infant locomotor exploration of a new environment. *Child Development*, *51*, 607 - 609.

Schachter, F. F., Shore, E., Feldman-Rotman, S., Marquis, R. E., & Campbell, S. (1976). Sibling deidentification. *Developmental Psychology*, *12*, 418 - 427.

Schachter, F. F., & Stone, R. K. (1985). Difficult sibling, easy sibling: Temperament and the within-family environment. *Child Development*, *56*, 1335 - 1344.

Schachter, F. F., & Stone, R. K. (1987). *Practical concerns about siblings: Bridging the research-practice gap*. New York: Haworth.

Schoppe-Sullivan, S. J., Mangelsdorf, S. C., Frosch, C. A., & McHale, J. L. (2004). Associations between coparenting and marital behavior from infancy to the preschool years. *Journal of Family Psychology*, *18*, 194 - 207.

Schoppe, S. J., Mangelsdorf, S. C., & Frosch, C. A. (2001). Coparenting, family process, and family structure: Implications for preschoolers' externalizing behavior problems. *Journal of Family Psychology*, *15*, 526 - 545.

Sear, R., Mace, R., & McGregor, I. A. (2003). The effects of kin on female fertility in rural Gambia. *Evolution and Human Behavior*, *24*, 25 - 42.

Sears, H. A., & Sheppard, H. M. (2003). "I just wanted to be the kid": Adolescent girls' experiences of having a parent with cancer. *Canadian Oncology Nursing Journal*, *14*, 18 - 25.

Shanahan, L., McHale, S. M., Crouter, A. C., & Osgood, D. W. (2008). Linkages between parents' differential treatment, youth depressive symptoms, and sibling relationships. *Journal of Marriage and Family*, *70*, 480 - 494.

Shanahan, L., McHale, S. M., Osgood, D. W., & Crouter, A. C. (2007). Conflict frequency with mothers and fathers from middle childhood to late adolescence: Within-and between-families comparisons. *Developmental Psychology*, *43*, 539 - 550.

Sharpe, D., & Rossiter, L. (2002). Siblings of children with a chronic illness: A meta-analysis. *Journal of Pediatric Psychology*, *27*, 699 - 710.

Short, S. E., Zhai, F., Xu, S., & Yang, M. (2001). China's one-child policy and the care of children: An analysis of qualitative and quantitative data. *Social Forces*, *79*, 913 - 943.

Sistler, A. K., & Gottfried, N. W. (1990). Shared child development knowledge between grandmother and mother. *Family Relations*, *39*, 92 - 96.

Skjaerven, R., Wilcox, A. J., & Lie, R. T. (2002). The interval between pregnancies and the risk of preeclampsia. *New England Journal of Medicine*, *346*, 33 - 38.

Slaughter, V., Dennis, M. J., & Pritchard, M. (2002). Theory of mind and peer acceptance in preschool children. *British Journal of Developmental Psychology*, *20*, 545 - 564.

Slomkowski, C., Rende, R., Conger, K. J., Simons, R. L., & Conger, R. D. (2001). Sisters, brothers, and delinquency: Evaluating social influence during early and middle adolescence. *Child Development*, *72*, 271 - 283.

Slomkowski, C., Rende, R., Novak, S., Lloyd-Richardson, E., & Niaura, R. (2005). Sibling effects on smoking in adolescence: Evidence for social influence from a genetically informative design. *Addiction*, *100*, 430 - 438.

Smith, J., & Ross, H. (2007). Training parents to mediate sibling disputes affects children's negotiation and conflict understanding. *Child Development*, *78*, 790 - 805.

Song, J. - H., & Volling, B. L. (2015). Coparenting and children's temperament predict firstborns' cooperation in the care of an infant sibling. *Journal of Family Psychology*, *29*, 130 - 135.

Song, J. - H., Volling, B. L., Lane, J. D., & Wellman, H. M. (2016). Aggression, sibling antagonism, and theory of mind during the first year of siblinghood: A developmental cascade model. *Child Development*, *87*(4), 1250 - 1263.

Spitze, G., & Trent, K. (2006). Gender differences in adult sibling relations in two-child families. *Journal of Marriage and Family*, *68*, 977 - 992.

Sroufe, L. A., & Fleeson, J. (1986). Attachment and the construction of relationships. In W. Hartup & Z. Rubin (Eds.), *Relationships and development* (pp. 51 - 72). New York: Cambridge University Press.

Stauffacher, K., & DeHart, G. B. (2006). Crossing social contexts: Relational aggression between siblings and friends during early and middle childhood. *Journal of Applied Developmental Psychology*, *27*, 228 - 240.

Steelman, L. C., Powell, B., Werum, R., & Carter, S. (2002). Reconsidering the effects of sibling configuration: Recent advances and challenges. *Annual Review of Sociology*, *28*, 243 - 269.

Stein, J. A., Riedel, M., & Rotheram-Borus, M. J. (1999). Parentification and its impact on adolescent children of parents with AIDS. *Family Process*, *38*, 193 - 208.

Stewart, R. B. (1983). Sibling attachment relationships: Child - infant interaction in the strange situation. *Developmental Psychology*, *19*, 192 - 199.

Stewart, R. B. (1990). *The second child: Family transition and adjustment*. Newbury Park, CA: Sage.

Stewart, R. B., & Marvin, R. S. (1984). Sibling relations: The role of conceptual perspective-taking in the ontogeny of sibling caregiving. *Child Development*, *55*, 1322 - 1332.

Stewart, R. B., Mobley, L. A., van Tuyl, S. S., & Salvador, M. A. (1987). The firstborn's adjustment to the birth of a sibling: A longitudinal assessment. *Child Development*, *58*, 341 - 355.

Stillwell, R., & Dunn, J. (1985). Continuities in sibling relationships: Patterns of aggression and friendliness. *Journal of Child Psychology and Psychiatry*, *26*, 627 - 637.

Stocker, C. M., Burwell, R. A., & Briggs, M. L. (2002). Sibling conflict in middle childhood predicts children's adjustment in early adolescence. *Journal of Family Psychology*, *16*, 50 - 57.

Stocker, C. M., Dunn, J., & Plomin, R. (1989). Sibling relationships: Links with child temperament, maternal behavior, and family structure. *Child Development*, *60*, 715 - 727.

Stoneman, Z. (2001). Supporting positive sibling relationships during childhood. *Mental Retardation and Developmental Disabilities Research Reviews*, *7*, 134 - 142.

Stoneman, Z., & Brody, G. H. (1993). Sibling temperaments, conflict, warmth, and role asymmetry. *Child Development*, *64*, 1786 - 1800.

Stoneman, Z., Brody, G. H., Davis, C. H., Crapps, J. M., & Malone, D. M.

(1991). Ascribed role relations between children with mental retardation and their younger siblings. *American Journal on Mental Retardation*, *95*, 537 - 550.

Stormshak, E. A., Bellanti, C. J., & Bierman, K. L. (1996). The quality of sibling relationships and the development of social competence and behavioral control in aggressive children. *Developmental Psychology*, *32*, 79 - 89.

Suh, E. Y., Ma, P., Dunaway, L. F., & Theall, K. P. (2016). Pregnancy intention and post-partum depressive affect in louisiana pregnancy risk assessment monitoring system. *Maternal and Child Health Journal*, *20*, 1001 - 1003.

Sulloway, F. J. (1995). Birth order and evolutionary psychology: A meta-analytic overview. *Psychological Inquiry*, *6*, 75 - 80.

Sulloway, F. J. (1996). *Born to rebel: Birth order, family dynamics, and creative lives*. New York: Pantheon.

Sweet, P. T. (1979). Prenatal classes especially for children. *MCN: The American Journal of Maternal/Child Nursing*, *4*, 82 - 83.

Szabó, N. (2012). *Families in motion: Changes with the arrival of a second child*. Unpublished doctoral dissertation, Utrecht University, The Netherland.

Szabó, N., Dubas, J. S., Karreman, A., van Tuijl, C., Deković, M., & van Aken, M. A. G. (2010). Understanding human biparental care: Does partner presence matter? *Early Child Development and Care*, *181*, 639 - 647.

Szabó, N., Dubas, J. S., & van Aken, M. A. G. (2012). And baby makes four: The stability of coparenting and the effects of child temperament after the arrival of a second child. *Journal of Family Psychology*, *26*, 554 - 564.

Szabó, N., Dubas, J. S., & van Aken, M. A. G. (2014). Jealousy in firstborn toddlers within the context of the primary family triad. *Social Development*, *23*, 325 - 339.

Teachman, J. D., & Schollaert, P. T. (1989). Gender of children and birth timing. *Demography*, *26*, 411 - 423.

Tesser, A. (1980). Self-esteem maintenance in family dynamics. *Journal of Personality and Social Psychology*, *39*, 77 - 91.

Teti, D. M., Sakin, J. W., Kucera, E., Corns, K. M., & Eiden, R. D. (1996).

And baby makes four: Predictors of attachment security among preschool-age firstborns during the transition to siblinghood. *Child Development*, *67*, 579 - 596.

Teubert, D., & Pinquart, M. (2010). The association between coparenting and child adjustment: A meta-analysis. *Parenting*, *10*, 286 - 307.

Tinsley, B. R., & Parke, R. D. (1984). Grandparents as support and socialization agents. In M. Lewis (Ed.), *Beyond the dyad* (pp. 161 - 194). Boston, MA: Springer.

Tippett, N., & Wolke, D. (2015). Aggression between siblings: Associations with the home environment and peer bullying. *Aggressive Behavior*, *41*, 14 - 24.

Tomeny, T. S., Barry, T. D., & Bader, S. H. (2014). Birth order rank as a moderator of the relation between behavior problems among children with an autism spectrum disorder and their siblings. *Autism*, *18*, 199 - 202.

Trause, M. A., Voos, D., Rudd, C., Klaus, M., Kennell, J., & Boslett, M. (1981). Separation for child birth: The effect on the sibling. *Child Psychiatry & Human Development*, *12*, 32 - 39.

Tsao, L. - L., & Odom, S. L. (2006). Sibling-mediated social interaction intervention for young children with autism. *Topics in Early Childhood Special Education*, *26*, 106 - 123.

Tucker, C. J., McHale, S. M., & Crouter, A. C. (2003). Dimensions of mothers' and fathers' differential treatment of siblings: Links with adolescents' sex-typed personal qualities. *Family Relations*, *52*, 82 - 89.

Tucker, C. J., Updegraff, K. A., McHale, S. M., & Crouter, A. C. (1999). Older siblings as socializers of younger siblings' empathy. *The Journal of Early Adolescence*, *19*, 176 - 198.

U. S. Census Bureau. (2009). America's families and living arrangements. Retrieved April 18, 2016, from www. census. gov/population/www/socdemo/hh-fam/cps2009.html

Unger, D. G., & Cooley, M. (1992). Partner and grandmother contact in Black and White teen parent families. *Journal of Adolescent Health*, *13*, 546 - 552.

Updegraff, K. A., McHale, S. M., Whiteman, S. D., Thayer, S. M., & Delgado, M. Y. (2005). Adolescent sibling relationships in Mexican

American families: Exploring the role of familism. *Journal of Family Psychology*, *19*, 512 - 522.

US Department of Health and Human Services. (2000). 9 - 2. Reduce the proportion of births occuring within 24 months of a previous birth. Retrieved February 24, 2016, from www.healthypeople.gov

US Department of Health and Human Services. (2010). FP - 5. Reduce the proportion of pregnancies conceived within 18 months of a previous birth. Retrieved February 24, 2016, from www.healthypeople.gov

Vaillant, G. E., & Vaillant, C. O. (1990). Natural history of male psychological health: XII. A 45-year study of predictors of successful aging at age 65. *The American Journal of Psychiatry*, *147*, 31 - 37.

van Berkel, S. R., Groeneveld, M. G., Mesman, J., Endendijk, J. J., Hallers-Haalboom, E. T., van der Pol, L. E., & Bakermans-Kranenburg, M. J. (2015). Parental sensitivity towards toddlers and infant siblings predicting toddler sharing and compliance. *Journal of Child and Family Studies*, *24*, 2270 - 2279.

van Berkel, S. R., van der Pol, L. D., Groeneveld, M. G., Hallers-Haalboom, E. T., Endendijk, J. J., Mesman, J., & Bakermans-Kranenburg, M. J. (2015). To share or not to share: Parental, sibling, and situational influences on sharing with a younger sibling. *International Journal of Behavioral Development*, *39*, 235 - 241.

van der Kaap-Deeder, J., Vansteenkiste, M., Soenens, B., Loeys, T., Mabbe, E., & Gargurevich, R. (2015). Autonomy-supportive parenting and autonomy-supportive sibling interactions: The role of mothers' and siblings' psychological need satisfaction. *Personality and Social Psychology Bulletin*, *41*, 1590 - 1604.

Vandell, D. L. (1988). Baby sister/baby brother: Reactions to the birth of a sibling and patterns of early sibling relations. *Journal of Children in Contemporary Society*, *19*, 13 - 37.

Vandell, D. L., & Bailey, M. D. (1992). Conflicts between siblings. In C. U. Shantz & W. W. Hartup (Eds.), *Conflict in child and adolescent development* (pp. 242 - 269). New York: Cambridge University Press.

Vandell, D. L., & Wilson, K. S. (1987). Infants' interactions with mother, sibling, and peer: Contrasts and relations between interaction systems. *Child Development*, *58*, 176 - 186.

Vermeer, H. J., & van Ijzendoorn, M. H. (2006). Children's elevated cortisol levels at daycare: A review and meta-analysis. *Early Childhood Research Quarterly*, *21*, 390 - 401.

Verté, S., Roeyers, H., & Buysse, A. (2003). Behavioural problems, social competence and self-concept in siblings of children with autism. *Child: Care, Health and Development*, *29*, 193 - 205.

Vogt Yuan, A. S. (2009). Sibling relationships and adolescents' mental health: The interrelationship of structure and quality. *Journal of Family Issues*, *30*, 1221 - 1244.

Volling, B. L. (2005). The transition to siblinghood: A developmental ecological systems perspective and directions for future research. *Journal of Family Psychology*, *19*, 542 - 549.

Volling, B. L. (2012). Family transitions following the birth of a sibling: An empirical review of changes in the firstborn's adjustment. *Psychological Bulletin*, *138*, 497 - 528.

Volling, B. L., & Belsky, J. (1992). The contribution of mother-child and father-child relationships to the quality of sibling interaction: A longitudinal study. *Child Development*, *63*, 1209 - 1222.

Volling, B. L., Herrera, C., & Poris, M. P. (2004). Situational affect and temperament: Implications for sibling caregiving. *Infant and Child Development*, *13*, 173 - 183.

Volling, B. L., McElwain, N. L., & Miller, A. L. (2002). Emotion regulation in context: The jealousy complex between young siblings and its relations with child and family characteristics. *Child Development*, *73*, 581 - 600.

Volling, B. L., Oh, W., Gonzalez, R., Kuo, P. X., & Yu, T. (2015). Patterns of marital relationship change across the transition from one child to two. *Couple and Family Psychology: Research and Practice*, *4*, 177 - 197.

Volling, B. L., Yu, T., Gonzalez, R., Kennedy, D. E., Rosenberg, L., & Oh, W. (2014). Children's responses to mother - infant and father - infant interaction with a baby sibling: Jealousy or joy? *Journal of Family Psychology*, *28*, 634 - 644.

Wagner, H. (1998). *And baby makes four: Welcoming a second child into the family*. New York: Avon.

Waite, E. B., Shanahan, L., Calkins, S. D., Keane, S. P., & O'Brien, M.

(2011). Life events, sibling warmth, and youths' adjustment. *Journal of Marriage and Family*, *73*, 902 - 912.

Walz, B. L., & Rich, O. J. (1983). Maternal tasks of taking-on a second child in the postpartum period. *Maternal-Child Nursing Journal*, *12*, 185 - 216.

Wan, C., Fan, C., Lin, G., & Jing, Q. (1994). Comparison of personality traits of only and sibling school children in Beijing. *The Journal of Genetic Psychology*, *155*, 377 - 388.

Wang, Q., Leichtman, M. D., & White, S. H. (1998). Childhood memory and self-description in young Chinese adults: The impact of growing up an only child. *Cognition*, *69*, 73 - 103.

Wang, W., Du, W., Liu, P., Liu, J., & Wang, Y. (2002). Five-factor personality measures in Chinese university students: Effects of one-child policy? *Psychiatry Research*, *109*, 37 - 44.

Weisner, T. S. (1987). Socialization for parenthood in sibling caretaking societies. In J. B. Lancaster, J. Altmann, A. S. Rossi & L. R. Sherrod (Eds.), *Parenting across the life span: Biosocial dimensions* (pp. 237 - 270). Hawthorne, NY: Aldine De Gruyter.

Weisner, T. S. (1989). Comparing sibling relationships across cultures. In P. G. Zukow (Ed.), *Sibling interaction across cultures: Theoretical and methodological issues* (pp. 11 - 25). New York: Springer.

Wellen, C. J. (1985). Effects of older siblings on the language young children hear and produce. *Journal of Speech and Hearing Disorders*, *50*, 84 - 99.

White, G. L., & Mullen, P. E. (1989). *Jealousy: Theory, research, and clinical strategies*. New York: Guilford Press.

White, L. (2001). Sibling relationships over the life course: A panel analysis. *Journal of Marriage and Family*, *63*, 555 - 568.

Whiteman, S. D., Becerra, J. M., & Killoren, S. E. (2009). Mechanisms of sibling socialization in normative family development. *New Directions for Child and Adolescent Development*, *2009*, 29 - 43.

Whiteman, S. D., & Buchanan, C. M. (2002). Mothers' and children's expectations for adolescence: The impact of perceptions of an older sibling's experience. *Journal of Family Psychology*, *16*, 157 - 171.

Whiteman, S. D., & Christiansen, A. (2008). Processes of sibling influence in adolescence: Individual and family correlates. *Family Relations*, *57*,

24 - 34.

Whiteman, S. D., McHale, S. M., & Crouter, A. C. (2003). What parents learn from experience: The first child as a first draft? *Journal of Marriage and Family*, *65*, 608 - 621.

Whiteman, S. D., McHale, S. M., & Soli, A. (2011). Theoretical perspectives on sibling relationships. *Journal of Family Theory & Review*, *3*, 124 - 139.

Widmer, E. D., & Weiss, C. C. (2000). Do older siblings make a difference? The effects of older sibling support and older sibling adjustment on the adjustment of socially disadvantaged adolescents. *Journal of Research on Adolescence*, *10*, 1 - 27.

Wilford, B., & Andrews, C. (1985). Sibling preparation classes for preschool children. *Maternal-child nursing journal*, *15*, 171 - 185.

Wilkinson, R. B. (1995). Changes in psychological health and the marital relationship through childbearing: Transition or process as stressor? *Australian Journal of Psychology*, *47*, 86 - 92.

Williams, S. T., Conger, K. J., & Blozis, S. A. (2007). The development of interpersonal aggression during adolescence: The importance of parents, siblings, and family economics. *Child Development*, *78*, 1526 - 1542.

Winnicott, D. W. (1964). *The child, the family and the outside world*. Harmondsworth, England: Penguin Books.

Wolfers, D., & Scrimshaw, S. (1975). Child survival and intervals between pregnancies in Guayaquil, Ecuador. *Population Studies*, *29*, 479 - 496.

Xie, Y. (1989). Measuring regional variation in sex preference in China: A cautionary note. *Social Science Research*, *18*, 291 - 305.

Yang, B., Ollendick, T. H., Dong, Q., Xia, Y., & Lin, L. (1995). Only children and children with siblings in the People's Republic of China: Levels of fear, anxiety, and depression. *Child Development*, *66*, 1301 - 1311.

Yorgason, J. B., Padilla-Walker, L., & Jackson, J. (2011). Nonresidential grandparents' emotional and financial involvement in relation to early adolescent grandchild outcomes. *Journal of Research on Adolescence*, *21*, 552 - 558.

Young, P. C., Boyle, K., & Colletti, R. B. (1983). Maternal reaction to the birth of a second child: Another side of sibling rivalry. *Child Psychiatry and Human Development*, *14*, 43 - 48.

Young, S. K., Fox, N. A., & Zahn-Waxler, C. (1999). The relations between temperament and empathy in 2-year-olds. *Developmental Psychology*, *35*, 1189 - 1197.

Yu, W. - H., & Su, K. - H. (2006). Gender, sibship structure, and educational inequality in Taiwan: Son preference revisited. *Journal of Marriage and Family*, *68*, 1057 - 1068.

Zahn-Waxler, C., Radke-Yarrow, M., Wagner, E., & Chapman, M. (1992). Development of concern for others. *Developmental Psychology*, *28*, 126 - 136.

Zajonc, R. B. (1976). Family configuration and intelligence: Variations in scholastic aptitude scores parallel trends in family size and the spacing of children. *Science*, *192*, 227 - 236.

Zajonc, R. B. (2001). The family dynamics of intellectual development. *American Psychologist*, *56*, 490 - 496.

Zajonc, R. B., & Markus, G. B. (1975). Birth order and intellectual development. *Psychological Review*, *82*, 74 - 88.

Zhang, Y., Kohnstamm, G. A., Cheung, P. C., & Lau, S. (2001). A new look at the old "little emperor": Developmental changes in the personality of only children in China. *Social Behavior and Personality: An International Journal*, *29*, 725 - 731.

Zhu, B. - P., Grigorescu, V., Le, T., Lin, M., Copeland, G., Barone, M., & Turabelidze, G. (2006). Labor dystocia and its association with interpregnancy interval. *American Journal of Obstetrics and Gynecology*, *195*, 121 - 128.

Zukow-Goldring, P. (2002). Sibling caregiving. In M. H. Bornstein (Ed.), *Handbook of parenting* (2nd ed., Vol. 3, pp. 253 - 286). Mahwah, NJ: Lawrence Erlbaum.

Zukow, P. G. (1989). *Sibling interaction across cultures: Theoretical and methodological issues*. New York: Springer-Verlag.

安芹，贾晓明.(2009).北京市独生与非独生子女中学生行为及情绪反应比较.*中国学校卫生*，*30*，1003 - 1005.

陈斌斌.(2016).*演化心理学视角下的亲情、友情和爱情*.上海：复旦大学出版社.

陈斌斌，李丹，陈欣银，陈峰.(2011).作为社会和文化情境的同伴圈子对儿童社会

能力发展的影响.*心理学报*,*43*,74 - 91.
陈斌斌,明玉君,刘俊升.(2009).美国群体行为干预项目中的不良同伴影响:问题与启示.*中国心理卫生杂志*,*23*,466 - 469.
陈斌斌,施泽艺.(2017).二胎家庭的父母养育.*心理科学进展*,*25*,1172 - 1181.
陈斌斌,王燕,梁霁,童连.(2016).二胎进行时:头胎儿童在向同胞关系过渡时的生理和心理变化及其影响因素.*心理科学进展*,*24*,863 - 873.
陈斌斌,赵语,韩雯,王逸辰,吴嘉雯,岳新宇,吴英挺.(2017).手足之情:同胞关系的类型、影响因素及对儿童发展的作用机制.*心理科学进展*,*25*,2168 - 2178.
方平.(1990).独生与非独生子女个性特征差异研究.*北京师范学院学报(自然科学版)*,*11*,72 - 79.
何蔚.(1997).高中生独生与非独生子女人格特质的比较研究.*心理发展与教育*,*13*,21 - 25.
贺琼,王争艳,王莉,蒋彩虹,上官芳芳.(2014).新入园幼儿的皮质醇变化与上呼吸道感染的关系:气质的作用.*心理学报*,*46*,516 - 527.
焦书兰,纪桂萍,荆其诚.(1992).独生与非独生儿童认知发展的比较研究(广州市).*心理学报*,*24*,12 - 19.
凌辉,黄希庭,窦刚,陈有国,王晓刚.(2008).中国大学生人格障碍的现状调查.*心理科学*,*31*,277 - 281.
茅于燕.(1984).独生子与非独生子在入园适应方面的比较研究.*心理学报*,*16*,240 - 249.
孟秋丽.(2000).中国的离婚率与社会结构变化分析.*人口学刊*,*4*,52 - 54.
彭希哲.(2016).实现全面二孩政策目标需要整体性的配套.*探索*,71 - 74.
谭远发,宋寅书.(2015).人口结构变动对粗离婚率攀升的影响研究.*人口学刊*,*37*,34 - 40.
陶国泰,邱景华,李宝林,曾文星,徐静,Mclaughlin, D. G.(1996).独生与非独生儿童的行为发展研究:六年追踪报告.*中国心理卫生杂志*,*10*,1 - 5.
万传文,范存仁,林国彬.(1984).五岁至七岁独生和非独生子女某些个性特征的比较及性别差异的研究.*心理学报*,*16*,383 - 391.
王燕,陈斌斌.(2013).*鲍尔比心理健康思想解析*.杭州:浙江教育出版社.
徐安琪,叶文振.(2002).中国离婚率的地区差异分析.*人口研究*,*26*,28 - 35.
於嘉,谢宇.(2014).生育对我国女性工资率的影响.*人口研究*,*38*,18 - 29.
苑春永,陈福美,王耘,边玉芳.(2013).独生子女和非独生子女情绪适应的差异——基于倾向分数配对模型的估计.*中国临床心理学杂志*,*21*,296 - 299.

查子秀.(1985).3—6 岁独生与非独生子女类比推理的比较研究.*心理学报*,*17*,145 - 153.

翟振武,张现苓,靳永爱.(2014).立即全面放开二胎政策的人口学后果分析.*人口研究*,*38*,3 - 17.

张俊,卢家楣.(2008).情绪智力结构的实证研究.*心理科学*,*31*,1063 - 1068.

张雷,雷雳,郭伯良.(2003).*多层线性模型应用*.北京：教育科学出版社.

张灵,郑雪,严标宾,温娟娟,石艳彩.(2007).大学生人际关系困扰与主观幸福感的关系研究.*心理发展与教育*,*23*,116 - 121.

张晓青,黄彩虹,张强,陈双双,范其鹏.(2016).“单独二孩”与“全面二孩”政策家庭生育意愿比较及启示.*人口研究*,*40*,87 - 97.

周晓虹.(2015).*文化反哺：变迁社会中的代际革命*.北京：商务印书馆.

图书在版编目(CIP)数据

第二个孩子：二孩家庭的过渡与适应 / 陈斌斌著.
—上海：上海教育出版社，2018.6
ISBN 978-7-5444-8390-2

Ⅰ.①第… Ⅱ.①陈… Ⅲ.①儿童教育-家庭教育
Ⅳ.①G782

中国版本图书馆 CIP 数据核字(2018)第 148708 号

责任编辑 金亚静
封面设计 陆 弦

**第二个孩子：二孩家庭的过渡与适应**
Di-er Ge Haizi：Erhai Jiating de Guodu yu Shiying
**陈斌斌 著**

---

出版发行 上海教育出版社有限公司
官　　网 www.seph.com.cn
地　　址 上海永福路 123 号
邮　　编 200031
印　　刷 上海展强印刷有限公司
开　　本 890×1240 1/32 印张 8.25 插页 1
字　　数 178 千字
版　　次 2018 年 7 月第 1 版
印　　次 2018 年 7 月第 1 次印刷
书　　号 ISBN 978-7-5444-8390-2/G·6948
定　　价 39.00 元

---

如发现质量问题，读者可向本社调换 电话：021-64377165